車

古くてあたらしい仕事

島田潤一郎著

新 潮 社 版

11892

目次

はじめに

だれかのための仕事

小さな声のする方へ

古くてあたらしい仕事

はじめに

三三歳で、「夏葉社《なつはしゃ》」という出版社を立ち上げた。

文芸書の刊行を中心とした、とても地味な出版社だ。

従業員はぼくひとり。編集も、営業も、事務も、発送作業も、経理も、ぜんぶひとり。

定期的に仕事をお願いしているのは、デザイナーと校正者のふたりだけ。アルバイトもいないし、帳簿を毎月チェックしてくれる税理士もいない。

つくっているのは、年に三冊ほどの本。

文庫本ではなく、新書でもなく、電子書籍でもない。昔からある四六判の紙の本。

在庫はすべて事務所においてある。

その冊数を数えるのは決算のときぐらいだが、たぶん全部で七〇〇〇冊ぐらい。ほとんどの本は一〇冊ずつに梱包《こんぽう》してあって、その重たい本のかたまりが、事務所の隅にうずたかく積まれている。

書店や卸から注文があるたびに、ぼくは梱包をほどき、プチプチで本を包んで、ダンボール箱をつくる。それから、納品書をボールペンで手書きし、請求書を印刷して、取次や全国の書店に発送する。

こういう作業を毎日やる。

風の日も雨の日も。

夏のカンカン照りの日も、雪が降り積もる冬の日も。

「どうして会社を立ち上げたんですか?」

これまでに何度こういう質問を受けただろう。

そのたびにぼくは、「転職活動がうまくいかなくて、会社をやるしか選択肢がなかったんです」とこたえる。

質問した人は、「嘘《うそ》でしょう」というが、ほんとうだ。

経営者になりたいと思ったことは一度もないし、本音をいえば、ぼくはどこかの会社の正社員になりたかった。

真新しいスーツと、真新しい名刺と、真新しい定期券。

いまでも、あこがれはある。

でも、いつの間にか、毎日会社に通勤して、いわれたことさえやっていれば、ちゃんと身分が保証される時代ではなくなった。ぼくが学生だった一九九〇年代とは、なにもかもが変わってしまった。


ぼくは、人生が四度あれば、とよく考える。

四度あれば、一度くらいは競争社会に身をおいて、自分の能力を指の先までたしかめてみたい。最短距離で昇進の道を邁進《まいしん》し、ライバルを蹴落《けお》として、年収三〇〇〇万円くらいを稼いでみたい。美味《おい》しいものを食べて、いい車に乗って、妻と子どもたちに高い服を着せたい。

もちろん、ぼくにはそんな能力なんてないのだ。

まず何よりも、協調性がない。チームを組んで、なにかをやることが苦手。一〇人いれば、その内のひとりとは仲良くなれるはずだが、あとの九人とはなにを話していいかわからない。今日は寒いですね。そうですね。趣味はなんですか。気をつかいすぎて、胃が痛い。事実、ぼくは毎月胃腸科に通い、胃酸を抑える薬を毎晩服用している。

次に、集中力がない。一時間が限界。すぐにネットを見てしまう。または煙草《たばこ》を吸ったり、甘いものを食べたり、缶コーヒーを飲んだりする。考えなければいけない目の前の課題があるとすれば、ぼくは必ずといっていいくらい、それとは違うことを考えている。夏休みの宿題はスケジュール通りにできない。

最後に、ぼくにはキャリアも学歴もない。一九九九年に日本大学商学部卒業。ふつう過ぎるくらいふつうの大学を出て、二七歳まで無職だった。それから会社勤めをいくつか経験したが、どの仕事も続けることができなかった。

三一歳で転職活動をはじめたが、五〇社連続で不採用という結果。

だから、起業したのだ。

人生が四度あれば、違うこともしてみたいが、人生が一度きりなのであれば、ぼくはいまの仕事をできるだけ長く続けたい。

それくらい、ぼくはいまの自分の仕事が好きだ。
大好きだ。

だれかのための仕事

仕事がしたい

二〇一六年の冬のこと。

渋谷のクラブクアトロで、ミュージシャンの小沢健二さんの朗読を聞いた。ぼくが小沢さんのファンであることを知って、友人がイベントに誘ってくれたのだ。

小沢さんは、「人は仕事をしたがっている」といった。「そのことの、圧倒的な美しさ。その美しさの前では、それにつけこむビジネスがあるなんてことは、塵《ちり》のような話にすぎない」と話した。

そして、未来の人間は指一本で（つまりコンピューターで）なんでも動かせるかもしれないが、「ほかの4本の指は、やっぱり何かをしたくて、うずうずしている。編み物をしたい、と。バイクを組み立てたい、と。家具を組み立てたい、と」と話を続けた。

「仕事をせんとや、生まれけむ」と題されたその朗読を聞いて、ぼくは自分が遮二無二仕事を探していた日々のことを思いだした。

そのころは、とにかく仕事をしたかった。毎日、働きたいと願っていた。身を粉にして、なにかに従事したかった。

社会のため。自己実現のため。お金のため。

どれも当たっているようで、違う。

社会のためだけではない。

自己実現のためだけでもない。

もちろん、お金のためだけでもない。

そういう理屈は、自分で自分を納得させるための詭弁《きべん》のようにも聞こえる。または、「なぜ弊社を選んだのでしょう?」と繰り返される質問にたいして、考えることをやめてしまった「私」ではないだれかの模範解答のように聞こえる。

「なんで、この仕事してるの?」

その質問にたいして、ぼくはいつまでも上手《うま》くこたえられない。

いちばん近いこたえは、単純に「仕事をしたいから」だろう。自分の頭と身体《からだ》と経験のすべてを使うことができる仕事をしたい。働いて、働いて、働いて、それで美味《おい》しい晩ご飯を食べたい。夜は疲れ切って、ぐっすり眠りたい。

仕事を見つけられなかったときは、とにかく本を読み、六畳の部屋を片づけた。そしてすることがなくなったら、近所のツタヤへ行ってＤＶＤを借りた。息抜きのためではないし、趣味嗜好《しこう》からでもない。それをせめてもの仕事としたかったのだ。借りてくるＤＶＤは、緊張を強いるような重たい映画。名作とよばれているもの。本もまた同じ。今日は三時間読もうと決めて、図書館から借りてきた一〇〇ページぐらいの本を、休憩をはさみながら読み進める。そしてそれを達成して、ようやく僅《わず》かの安堵《あんど》を得る。

それでも身体がなまっているときは、自転車を飛ばして、遠くの古本屋さんへ行って、一〇〇円の文庫本を一冊買って帰る。

それで大きな達成感を得ることはない。

けれど、本が部屋に一冊増えることによって、さっきまでのぼくと、いまのぼくとはなにかが変わっている。

あたらしい本を読むというあたらしい仕事が、ぼくの未来をほんの少し変えるのだ。

風で揺れるカーテン

ぼくが会社を起こしたのは、転職活動がうまくいかなかったからだが、もうひとつ大きな理由がある。二〇〇八年の春に、一歳年上の従兄《いとこ》が事故で急逝《きゅうせい》したからだ。幼いころから兄弟のように仲良くしていた従兄だった。

転職活動をはじめて、ちょうど一週間後のことだった。ぼくはすぐに彼が暮らしていた高知県の室戸市に飛び、変わってしまった彼の冷たい頬を撫《な》でた。

悲しかったが、それ以上に恐ろしかった。

従兄は永遠に帰ってこないのか。従兄のやさしい声や、歩き方や、癖や、従兄だけがもっていたたくさんの記憶は、この世界のどこにも存在しないのか。そんな当たり前のことに思いあたると、もうどこへも行けないような気がした。叔父の軽自動車のなかにひとりで閉じこもって、エレファントカシマシのCDを大音量でかけて、大声で泣いた。

東京に戻り、転職活動を続けたが、上手くいかなかった。転職サイトを見て、手当たり次第に応募してみたが、だいたい書類ではねられるのだった。

ぼくは特別な何かを要求していたわけではなかった。この業界でなければダメだとか、この職種でないとやれないとか、家から近くないとNGだとか、そんなこだわりはまったくなかった。あるとしたらせいぜい、月給は二〇万円以上、できれば残業はないほうがいいぐらい。

しかし、二七歳までは無職。より正確にいうと、純文学の作家志望で、就職してみてもどの仕事も続けられなかったというような人材を、あらゆる会社は必要としなかった。

ぼくは、秋のある日、急に自殺したくなった。従兄もいなくなったし、社会にはどうやらぼくの居場所はなさそうだ。

理屈ではなかった。身体がふわふわとして、実家の団地の八階から飛び降りたくなった。晴れ渡った明るい空。風で揺れるカーテン。

それからは、人生は一度きりしかない、と毎朝起床するたびに思うようになった。どういうわけか、ぼくのまわりには若くして亡《な》くなった者が多かった。従兄が亡くなる四年前には、大学の友人が病気で急逝していた（二〇一五年にはいちばん仲がよかった友人も病没した）。

大学の友人は二九歳で、従兄は三二歳で亡くなったが（親友は三六歳だ）、ぼくには彼らの人生がとくべつに短いとは思えなかった。

もちろん、そういうふうに思えるまでには、ある程度の時間が必要だった。

彼らはなんで死ななければならなかったんだろう、と何度も考えた。新宿に向かう各駅停車のなかで。家へと続く夜の一本道の途中で。

思い出すのは、悲しいことではなく、楽しいことばかりだった。ここに書くのも憚《はばか》られるぐらいのくだらないことが、ぼくたちにとっていちばん大切な思い出なのだった。

そのくだらないことを、ぼくたちは居酒屋や旅先の旅館で、何度繰り返して話したことだろう。

話しているうちに、だれかがその出来事のあたらしいディテールを思い出して、再びみなで涙を流して笑う。

「すごく楽しかったねえ」

ぼくが彼らに伝えたいのは、そういう言葉だ。

すごく楽しかったし、最高だったし、きみは永遠にぼくの大切な友だちだ。

そして、ぼくもまた、きみと同じ。

いつ死ぬかわからない。

明日、死んでしまうかもしれない。

だから、悔いのないように生きる。よくやった、と思えるように。楽しかった、と思えるように。

人生は嘆いたり、悲しんだりして過ごすには、あまりにも短すぎる。

本と本屋さんが好き

出版業界はそのころには、すでに斜陽産業といわれていた。

二〇〇八年の出版物全体の売上は二兆一七七億円で、ピークである一九九六年の二兆六五六三億円から比べると、四分の三にまで落ち込んでいた。

けれど、いまと比べれば、まだまだ明るい兆《きざ》しはあった。インターネットが社会の隅々まで行き渡ったことにより、本との出会い方は多様になり、オンライン書店と大型書店は、「ロングテール」という言葉とともに、ベストセラー以外の多種多様な書籍に光を当てることが可能であることを証明しはじめていた。

インターネットの普及により、読者と出版社との距離も近くなった。インターネット以前は、読者は紙の本をとおして、出版社と間接的にコミュニケートしたが、出版社がそれぞれのサイトでブログなどをはじめると、読者は編集者の声、つまりつくり手の声をより生に近い形で聞くようになった。

彼らがインターネット上で語るすべての言葉が、ぼくには新鮮だった。たとえば、フリースタイルの吉田保さん。たとえば、ミシマ社の三島邦弘さん。彼らは自分たちの仕事を、自分の言葉で、リアルタイムに語っていた。彼らの理念や喜びや辛苦を知り、彼らがつくった本を書店で買い、読むことは、ぼくにとってあたらしい刺激だった。

同時代に、いまこのときもだれかが本をつくっているのだと思うと、それだけで勇気が涌《わ》いてくるようだった。

書店もまた、長引く出版不況を乗り越えるために、従来とは違う試みをはじめていた。

まず、店内にカフェを併設する本屋さんが増えた。次に、雑貨や文具など本以外の商材を扱う店が増えた。それ以外にも、書店独自のフェアや情熱ほとばしるPOPや、書店員の手書きの文字でびっしりと埋まったフリーペーパーなどが、小さな店頭を賑《にぎ》わしていた（「セレクト書店」という言葉を耳にするようになったのも、二〇一〇年より前のことだったように思う）。

そのころのぼくは、どの店を訪ねても、本って、本屋さんってたのしいなあ、と思うのだった。

まるで大学生のころに戻ったように。

二〇歳のときから、本を買い、本を読み、小説を書くことだけを自分の人生の中心においてきた。

大学四年生のときに、大学主催の小説コンクールで一等賞をもらい、それを機に、就職活動をやめた。それからは自分を追い込むように、アルバイトをいくつもやりながら、読み書きする日々を送った。一九九九年から二〇〇四年の計五年間。それがぼくという人間のいちばんの特徴だと思う。

「島田は絶対に小説家になれるよ」といってくれる人はひとりもいなかった。けれど、せっかく生まれてきたのだから、自分の可能性を一度しっかりと確かめてみたかった。

毎日鬱屈《うっくつ》はたまったが、本を読むことで、すこしずつ世界が広がっているという実感があった。

大江健三郎。中上健次。村上春樹。フィッツジェラルド。サリンジャー。ジョイス。プルースト。カフカ。トーマス・マン。トルストイ。ドストエフスキー。ゴンチャロフ。ムージル。

一九世紀から二〇世紀の天才と呼ばれる人たちの仕事に触れていると、ぼくは生まれてきてよかった、と思うのだった。世の中にはこんなにすごい才能のある人たちがいたんだ。死ぬ前にちゃんと読めてよかった。

ぼくは小説を書くことでは結果を出すことができなかったが、本を読むことに人生のあたらしい手応《てごた》えを見出《みいだ》していた。

一〇〇年前、二〇〇年前の傑作を数百円で読めるという驚き（図書館を利用すればタダだ）。

文豪たちの作品は、時空を超えた彼方《かなた》からの手紙だった。すぐれた文学は、おしなべて、万人のためでなく、まるでぼくひとりのために書かれているように読むことができた。

それは、文章のテクニックや、物語の構造とかいう話ではなくて、心構えのようなものだ。

作家たちはマスのために書いたのではなく、お金や名声のために書いたのでもなく、「私」のため、「あなた」のために、もっている才能と時間とあらゆるものを駆使し、孤独な時間を乗り越えて、長い小説を書いた。

二〇代のころは、不思議とあせりはほとんどなかった。それよりも、人生をもう少し長いスパンで眺めていた。

なんの根拠もなく、三五歳まで生きられるとしたら、そこが自分の人生のピークであり、それまではとにかくインプットに専念しようと考えていた（つまり、三五歳からはその貯蓄でやりくりするつもりだった）。

いつかぼくも齢《とし》をとり、あたらしいものをなかなか受け入れられなくなる。そればかりでなく、あたらしいというその一点だけで、そのあたらしさのすべてを否定しようとするかもしれない。

けれど、二〇代であれば、まだ影響を受けることができる。一冊の本によって、自分の考え方がすべて変わってしまうくらいに深く。そのことを恐れてはいけない。むしろ若いうちに、何度でも考え方を変えてみたい。年老いてから、価値観を全部変えなければいけない羽目には陥りたくない。そのためにも、一冊でも多くの本を読んでおきたい。

三五歳まではそうするつもりだった。

仕事を転々としながら。仕事とプライベートをきれいに二つにわけて、その両方をバランスよく掛け持ちしながら。

けれど、転職の失敗と従兄の死によって、なにもかもが変わってしまった。

ぼくは従兄が死んだあとも、なにかをインプットしようという気にはとてもではないがなれなかった。

そのころ、ニュースではちょうど、リーマン・ブラザーズの倒産が報じられていた。

ぼくはこの未曾有《みぞう》の金融危機がなんなのか、さっぱりわからなかったが、この先ますます仕事が見つからなくなるだろうことは、なんとなくわかった。世の中は、ぼくの苦境とは関係なく、いつでも猛スピードで動いていた。

当時のぼくの居場所は、実家の団地の一室だった。食事は母が用意してくれて、一日中パソコンの前に張りついて、「リクナビNEXT」で仕事を探している。気分転換をしようとしてもうまくいかないし、なにを食べても美味しくない。口のなかは缶コーヒーと煙草《たばこ》の味しかしない。

近所のスーパーやコンビニで、アルバイトの求人の貼《は》り紙を見るたびに、憂鬱になった。

夜になると、みなの目を逃れるようにして、本屋さんへと走った。駅前のその場所だけが、かろうじて、ぼくと社会との接点なのだった。

本屋さんにいる人たちは、なぜかぼくと同じように孤独に見えた。夜の町のなかで白く輝く店の光。立ち読みする人々の背。横顔。

彼らは、ほんとうは職場や家族や恋人に恵まれ、孤独ではないのかもしれないが、文庫の棚の前で真剣に本を選んでいる姿は、そのときのぼくの姿そのもののように見えた。呆《ほう》けたような顔をしてスポーツ誌を立ち読みするサラリーマン。雑誌の付録のサンプルを手に取り、考え込むようにしている若い女性。

ぼくは一度でいいから、彼らに声をかけてみたかった。

きみもほんとうは大変なのかもしれないが、ぼくもいま、大変なんだ。きみももしかしたら、一度くらいは死にたいと思ったかもしれないけど、ぼくは最近、毎晩そんなふうに思う。死なないのは、両親を悲しませたくないからだ。

やる気がないわけではないし、絶望しているわけでもない。だれかが仕事をくれれば、ぼくは自分の人生のすべてを捧《ささ》げて、それをやるだろう。でも、なんでもやります、ということは、社会ではなんにもできないことと同じだという。面接にさえ呼んでくれない。

ぼくはずっと頭がこんがらがっている。従兄が死んじゃって、もう半年も経《た》ったけど、まだ混乱している。

なにをいいたいかというと、うまくいえないけど、つらいこともたくさんあるけど、どうか、がんばって。

ぼくもがんばるから、きみもがんばって。

だれかのために

たしか、雑誌の「Number」だったはずだ。でももしかしたら、スポーツ新聞だったかもしれない。

二〇代のときに読んだロッテの元監督ボビー・バレンタインの言葉が、いつまでも心に残っていた。

バレンタインは一九九五年にロッテの監督に就任した。メジャーリーグの監督経験者が弱小チームであったロッテを率いることは、当時、大いに話題になった。そして、実際に彼が監督の座に就くと、チームは五位から二位へと大躍進した。

その明るい人柄と類《たぐ》いまれなる情熱はファンを強く惹《ひ》きつけたが、彼は社内政治に敗れ、たった一年でチームを去った。

バレンタインはその後、メジャーリーグの監督に復帰し、八年後の二〇〇三年にふたたびロッテに帰ってくる。

ぼくはそのころ、ロッテファンでもなかったし、プロ野球ファンですらなかったが、当時の彼のインタビューの言葉が驚くぐらいに胸に突き刺さった。

人生でもっとも大切なのは、人から必要とされることだ。

そのときの記事を切り抜いて手元に残しているわけではないから、正確な引用ではない。

二〇代なかばだったぼくは、その言葉に出会って、「仕事とはそういうものなのか」と目からウロコが落ちたような気がした。

ぼくはバレンタインの「人生」という言葉を「仕事」に置き換えて、読んだのだった。

それまでは、仕事にたいしては、労働とか義務とか搾取《さくしゅ》とか、暗いイメージしかなかった。

そうはいっても、ぼくもいつかは働かなくてはならない。一足早く社会に出ていった同級生たちを追いかけるようにして、ストライプのネクタイを締め、内ポケットに名刺を入れて、行く先々で名刺を交換し、なんなら仕事が終わったあとも、仕事を目的とした飲み会に参加しなければならない。

経験したことがないからこそ、そのイメージは貧しいし、発想はステレオタイプそのものだ。そんな固定観念しかもっていない頭で、だれが社会に出たいと思うだろう。

けれど、バレンタインの言葉を読んでから、仕事にたいする印象がすこしずつ変わっていった。

当時はわからなかったが、いまになれば、それがわかる。

三二歳の無職のぼくは、ぼくを必要としてくれる人のために仕事をしてみたいと思うようになっていた。

そして、それは探しまわるまでもなく、ぼくのすぐそばにいた。その人たちは、従兄の父と母、つまり、息子を亡くしたぼくの叔父と叔母だった。

彼らの日常は、我が子の急逝によって激変していた。その身体は、以前と比べると、一回りも二回りも小さく見えた。

物心がつく前から知っている人たちがそのように変わっていくのを見て、ぼくはつらかった。彼らは「東京に出している息子」と口に出していうくらい、ぼくのことをずっとかわいがってくれていたから。

二人を励ますために、室戸へよく電話をかけた。

それ以外にも、むかし従兄を撮影したビデオカメラのテープをDVDにダビングして送ったり、従兄が二〇年来好きだったミュージシャンに、仏壇に飾りたいから色紙を書いて送ってもらえないだろうか、と長い手紙を書いたりした（従兄はそのミュージシャンの曲に送られて出棺《しゅっかん》したのだ）。

時間を持て余していたから、仕事を探す以外の時間は、従兄の死をすこしでも明るいものにすることと、叔父と叔母を喜ばすこと、そのふたつのことばかりを考えていた。

それが、ぼくにとっての仕事だった。


世の中では、労働し、自分の能力と時間を会社に捧げることによって、対価をもらうことを、仕事というのだと思う。

または、会社に属していなくても、あるパフォーマンスにたいして誰かがお金を払ってくれたら、そこで初めて、世間から仕事として認められるのだと思う。

「仕事を探さなきゃ」という台詞《せりふ》は、暗にお金がないことを指していたりもするし、「仕事をちゃんとやれ」という叱咤《しった》は、給料をもらっているんだから、せめてその金額ぐらいの仕事をやれ、というような意味を多少なりとも含んでいる。

その意味でいうと、ぼくはお金と関係のある仕事を、いつまでたっても見つけられなかった。

けれど、お金が発生しない仕事であれば、いくらでも見つけられるような気がした。

たとえば、子どもたちは、だれかに命令されたり、義務感に駆られたりして、なにかをはじめるわけではない。

彼らはとにかく身体を動かしたくて、なにかをはじめる。または、大人がやっていることを真似《まね》したくて、いろいろな道具を使いはじめる。

彼らは木に登る。

プラモデルをつくる。

ホットケーキを焼く。

それだけではない。

おかあさんが大変そうであったら、一目散に駆け寄る。スーパーの袋を持つ。ピーラーでにんじんの皮を剝《む》く。

子どもたちは、大人の役に立ちたいと強く願っている。そして、それはぼくも同じだ。

だれかが困っていたら、その人の力になりたい。だれかが汗をかいてなにかをしているのを見たら、手伝いたい。ウズウズする。

一所懸命作業をしている見知らぬ人を目の前にして、「力になりましょうか？」といいたい気持ちと、その人のプライドを傷つけるのではないかという不安の間で、いつまでも迷っている。

だれかの力になりたい。

だれかを支えたい。

仕事のスタートとは、そういう純粋なものだと思う。

お金という物差し

ぼくは初めての給与の喜びも知っているし、その充実も知っている。あんなにうれしい経験はそうそうない。

なぜ、そんなにもうれしかったかというと、理由はかんたんだ。それは二十数万円という金額の大きさもさることながら、それが具体的な「私」への評価だったからだ。

「A」でも「5」でも「優」でもなくて、二十数万円。

それが決まった日に、指定の銀行口座にちゃんと振り込まれているという驚き。会社からのそうした具体的な評価は、ときに、そのまま社会からの評価にもなり得るだろう。そして、だれかから認めてもらいたいとき、それはものすごく大きな救いになるだろう。

同時に、その二十数万円は生活のためのお金でもある。月々の家賃を払い、携帯電話の料金を払い、食事をし、たまに飲み会やライブへ行くためのお金。それがなければ生きていけない。

ぼくは決して、「お金がなくても、好きなことさえできれば大丈夫」というタイプの人間ではない。そういう部分もないわけではないが、人並みにお金がほしいし、だれかからの具体的な評価がほしい。

だから、こんなにも苦しい。

けれど、よくよく考えてみれば、お金はひとつの尺度にすぎない。「仕事＝お金」ではない。

お金はとても便利で、万能な尺度であるから、多くの人が採用し、その評価軸をもとに、いろいろなことを計測したり、企画を立てたりしているが、それは数ある物差しのひとつでしかない。

世の中には、お金以外の尺度がたくさんある。数値化できない尺度は、それ以上にもっとある。

ぼくが違うと思う、その根拠。

ぼくがなにかに感動する、その源泉。

本や、音楽や、スポーツや、思い出。

つまり、言葉にすることができない、たくさんのこと。

それらは数字に置き換えられないから、グラフにならないし、前年度と比較することもできない。

他のだれかの物差しと交換することもできない。

お金や数字を軽視すべきだといいたいわけではない。

数字やグラフでわかることは世の中にたくさんあるし、お金を過度に疎《うと》んじたり、軽んじたりする態度は、仕事を続けていく上でときに致命傷にもなる。

けれど、最初にお金があるわけではない。最初に、会社があるわけでもない。

入社が決まった日が、初めての出勤の日が、初めて給料をもらえた日が仕事のスタートなのではない。

それよりはるか前に、誰かのためになにかをしたい、という強い欲望がある。

小学生のころ、毎年八月一日になると、東京の羽田空港から高知空港へ飛行機で飛んだ。そして、八月二〇日まで、毎日従兄と遊んだ。

ぼくは季節のなかで夏がもっとも好きだが、それは従兄といっしょにいた時間が、それくらいに楽しかったからだ。

一年ぶりに会ったときは、おたがいに牽制《けんせい》し合うようにして、目も合わせない。でも久しぶりに会えたのがうれしくて、ずっとニヤニヤ笑っている。

きっかけは、どんな一言でもいい。

「こないだ、ファミコンの『ファミリーボクシング』買《こ》うたで」

従兄がそういえば、

「ほんなら、やろう」

とぼくがいう。

「おかあさん、潤が来たき、ファミコンやっていい？」

従兄がいうと、叔母は、「気が済むまで、やりい」という。

叔母は叔母で、久しぶりに会う姉（ぼくの母だ）との会話に夢中で、カップのかき氷かなにかを食べながら、さっそく居間で話し込んでいる。

ぼくと従兄はブラウン管の前に駆ける。そして、息をするのももったいないというくらいの速さでファミコンの用意をし、ゲームのコントローラーを握る。

「東京ではなにが流行《はや》っちゅう？」

従兄が聞く。

「室戸ではなにが流行っちゅう?」

ぼくも聞く。

それからの二〇日間、ぼくと従兄はずっと離れない。ぼくがトイレに行くときも、従兄はついてくる。そして、あっという間に別れのときが来る。

空港の保安検査場のゲートをくぐり、厚いガラス一枚を挟んで、ぼくは見送る従兄とふざけ合う。声は聞こえない。従兄が変な顔をすれば、ぼくも変な顔をする。従兄がサルの真似をすれば、ぼくはゴリラの真似をする。そうして最後に、こらえきれなくて泣く。

こうした思い出は、数値化されない。SNSで拡散されることもないし、多くの人に共有されることもない。

ぼくの仕事のスタート地点は、たぶん、ここだ。

二〇年以上も前の、夏のカンカン照りの海辺の町。

一編の詩から

きっかけは、インターネットで高知での仕事をさがしたことだろう。

二〇〇八年の冬、ハローワークの検索端末で「就業場所の都道府県」から「東京」と「神奈川」のチェックを外し、「高知」一択にした。

それだけで、驚くほど心が楽になった。

もう、みなと同じような働き方を選ばない。みなと同じような給料も待遇も望まない。高校や大学の同級生たちとは違う道を歩む。

最初は、叔父と叔母の家から近いところに住み、彼らと生活をともにすることを考えていた。

職種はなんでもよかった。毎日会社に行き、仕事が終わってから叔父と叔母の家へ行き、夕飯を食べ、世間話でもして、そうして自分のアパートへと戻る。月命日には近くの従兄のお墓参りに行く。そういう生活。

しかし、東京で仕事を見つけられなかった人間が、高知でたやすく仕事を見つけられるはずもなかった。

ぼくは一ヵ月も経たないうちに、高知での職探しをあきらめたが、東京で仕事を探していたときと違って、心が暗く沈み込むことはなかった。

そのときには、ぼくはもう自分の仕事を見つけていた。

それは、叔父と叔母の心を支えることだった。

当時、ぼくが好きな一編の詩があった。作者はヘンリー・スコット・ホランドといって、一〇〇年前のイギリスの神学者だ。

従兄が亡くなった年に『自殺した子どもの親たち』(若林一美著・青弓社)という本を読み、この詩に出会った。

死はなんでもないものです。
私はただ

となりの部屋にそっと移っただけ。
私は今でも私のまま
あなたは今でもあなたのまま。
私とあなたは
かつて私たちが
そうであった関係のままで
これからもありつづけます。

私のことをこれまでどおりの
親しい名前で呼んでください。
あなたがいつもそうしたように
気軽な調子で話しかけて。
あなたの声音を変えないで。
重々しく、悲しそうな
不自然な素振りを見せないで。

私たち二人が面白がって笑った
冗談話に笑って。
人生を楽しんで。
ほほえみを忘れないで。

私のことを思ってください。
私のために祈ってください。

私の名前がこれまでどおり
ありふれた言葉として呼ばれますように。
私の名前が
なんの努力もいらずに自然に
あなたの口の端《は》にのぼりますように。
私の名前が
少しの暗いかげもなく

話されますように。

人生の意味は
これまでと変わってはいません。
人生はこれまでと同じ形でつづいています。
それはすこしも途切れることなく
これからもつづいていきます。
私が見えなくなったからといって
どうして私が
忘れられてしまうことがあるでしょう。

私はしばしあなたを待っています。
どこかとても近いところで。
あの角を曲がったところで。
すべてはよしです。

この詩を訳された方は、自殺で息子を喪《うしな》ったお父さんだった。

その人は息子の急逝《きゅうせい》のあとの心さまよう日々のことを、六〇ページ以上の手記として、『自殺した子どもの親たち』に寄せていた。そのなかで「最近知った言葉」として、ホランドの詩を紹介していたのだった。

この詩を読むたびに、ぼくは従兄を思い出した。

悲しいというのではなかった。従兄がすぐそばにいるような気がして、詩を読んでいる間だけ気持ちが落ち着いた。

ぼくがあたらしい自分の仕事として決めたのは、叔父と叔母のために、この詩を一冊の本に仕立て、プレゼントするということだった。

本はこれまで、いつもぼくの生活の中心にあった。

それは読書というよりも、物としての一冊の本といったほうが適切かもしれない。

近所の書店で偶然出会った本。どこを探しても見つけることができずに、やっと遠くの古本屋さんで出会った本。病没した大学時代の恩師の本。

人生に行き詰まると、必ずといっていいほど本を買って、読んだ。二〇〇ページの文庫本。上下巻に分かれている分厚いハードカバーの本。外国のモノクロの写真集。子どものころに読みたかったA5判の児童書。

一冊の本を家に持ち帰ると、その本の存在がしばらく、ぼくの日々の明かりとなった。

それは、なんというか、生活の小さな重心のようなものだった。

なにかいやなことがあっても、その本を見ればほんのちょっと気持ちが落ち着く。未来がまったく見えなくても、この本を読もうと思うことが、ほんの少しだけ未来を明るく照らす。

それは別の誰かにとっては、一枚のレコードだったり、靴だったり、旅行の航空チケットだったり、持ち帰りのケーキだったりするのかもしれない。

ぼくは、そうした「生活の重心」を、従兄が暮らした家に置いてみたかった。

最初は、編集者の友人をあてにして、彼に本をつくってもらおうと考えていた。

ぼくはそれまでに本をつくった経験がなかったし、町の印刷所に相談してなんとか形にするだけならまだしも、自分の手で美しい本をつくることなんて絶対にできないと思っていた。

彼とは短い間だったが同じ職場にいたので、その力量を知っていた。彼のつくる本はどれも素晴らしかったし、人間的にもすごく魅力があった。

ぼくは、出版にかかわるお金をなんとかして捻出《ねんしゅつ》するから、本をつくってもらいたい、と彼に相談をもちかけた。

彼は、ぼくの依頼をこころよく了解してくれたが、計画はすぐには進まなかった。

ぼくは次第に、その詩の本を叔父と叔母に渡すだけでなく、同じような境遇にいる人たちにも届けることができたら、と願うようになっていた。海辺の町や山間《やまあい》の集落、郊外の住宅地や離島。いまにも大きなかなしみにさらわれそうになっているひとりひとりの人に一冊の本を手渡すというイメージ。それがぼくのエネルギーになっていた。

一日でも早く、動き出したかったが、本の制作はやっぱり前に進まなかった。

当たり前だが、友人には友人の優先すべき仕事があり、彼の編集者としての力量と情熱は、彼がやるべき仕事においてのみ、その効果を最大限に発揮するのだった。当時のぼくはそのことがわからなかったし、なによりも焦《あせ》っていた。

彼との関係は、話し合いを重ねていくに従って、だんだんと気まずいものになっていった。

二〇〇九年のそのころ、既存の出版社とは異なるあたらしい出版社が次々と出てきはじめていた。先述したミシマ社は二〇〇六年創業。ぼくの好きなピーター・バラカンの本を復刊したアルテスパブリッシングは二〇〇七年創業。夏葉社の創業後ぼくにたくさんのことを教えてくださった羽鳥書店は、二〇〇九年四月に創業していた。

彼らのようにやれる、と信じたのではなかった。でも、どんなに小さな規模でも、出版社を始めることは可能であると、彼らは身をもって証明してくれていた。

ぼくはひとりで出版社をやってみようと思った。

教科書営業の日々

二〇〇九年九月、ぼくは「夏葉社」という出版社を立ち上げた（従兄と遊んだ夏の日々をイメージして、夏の葉の会社と名づけた）。

なんのあてもなかったし、なんのコネクションもなかった。

相談したのは、父母と、当時つきあっていた彼女だけ。

彼らは、ぼくが仕事を求めて苦しんでいたのを知っていたから、「まずはやってみたらいい」と後押ししてくれた。

会社を起こすということは、考えていたよりもずっとかんたんなことなのだった。三〇万円ほどのお金といくつかの書類手続きで、あっという間にできてしまう。

起業するのに必要なのは知識ではなく気合いなのだった。それこそ、清水の舞台から飛び降りるみたいに。

まだ暑い夏の日の午後、ぼくは府中の法務局で「株式会社夏葉社」の登記申請をした。

個人事業でなく株式会社にしたのは、この仕事が一時の気まぐれでなく、本気であることを、これからの取引先に証明したかったからだ。

とはいえ、上述したとおり、ぼくには編集の経験がなかった。どうやって本をつくればいいのか、皆目わからなかった。

けれど、仕事のビジョンだけはあった。

そのほとんどは、三〇歳のときに一年間だけ勤めた教科書会社の営業経験からきていた。

教科書の営業というのは、かんたんにいうと、ルート営業だ。

ぼくの勤めた教科書会社は、国語教科書と問題集などの副教材を高校に販売しており、ぼくは毎日、それらを学校の先生たちにプレゼンしてまわった。

高校の授業でつかう教科書は、小学校や中学校と違い、私立公立問わず、それぞれの高校で自由に選択することができる。

主任の先生の鶴《つる》の一声で決まる高校もあれば、国語科の先生たちの協議で決める高校もある。ずっと同じ会社の教科書をつかい、二〇年も三〇年も変えない高校もある。

朝の九時から夕方の五時まで学校をまわる。いちばん力を入れたい高校は、昼休みと放課後に訪問し、見込みの薄い高校は授業中に訪ねる。たとえ授業をやっているときでも、職員室にはだれかしら先生がいて、次の授業の準備やら、採点やらをしているから、そのすきを狙《ねら》って「こんにちは」と顔を出すのだ。

先生がいるのを確認したら、王様に謁見《えっけん》するようにその人の前に跪《ひざまず》いて、教科書の説明をする。先生たちは椅子《いす》に座ったまま、ぼくの話を聞く。

彼らが忙しそうなときは、一分ぐらいで説明を終わらせる。国語の教科書は、どの会社のものであれ内容に大きな違いはないから、ゼロから懇切丁寧に話してもほとんど意味がなかった。

ぼくが尊敬していた会社の先輩は、ぼくにひとつの金言を与えてくれていた。それは、真面目《まじめ》にちゃんと営業してまわれば、一日一回必ずいいことがある、ということ。

一日五校まわれば、四校ではあまりいい思いをしないかもしれない。けれど、残りの一校で売上をあげることができたり、それまでほとんど話したことのない先生と親しく会話することができたりする。たとえば、生徒たちの話。たとえば、好きな本の話。たとえば、結婚後の人生の話。そういう他愛もない話の積み重ねが、いつか先生からの信頼になる。

たいせつなのは、怠けないこと。ずるをしないこと。そうしていれば、なんであれ、結果はでる。

約三〇年間教科書の営業をしていた先輩がぼくに教えてくれたのは、つまりそういうことだった。

なにも難しくない。ぼくでもわかる。

しかし、自分が売ろうとする商品がろくでもないものだったら、すべては無駄なことなのだった。

ぼくの勤めていた会社の本は、教科書こそすばらしいものであったが、一般用の書籍となると、あまりいいと思えないものが少なからず混じっていた。「これ、ほんとうに必要なの？」と思う本を、学校の先生や高校図書館の司書たちに売らなければならない苦痛。

最初のほうこそ、上司にいわれるままにそれらの本を宣伝してまわったが、仕事に慣れてくると、ぼくはそれらを営業するのをやめてしまった。その分のノルマのロスは、自分がいいと思う本や教科書で稼げばいいと割り切った。そして、ぼくの場合、それで結果も出た。

でも、ぼくはその会社をたった一年で辞めてしまった。理由は単純で、あたらしい上司と反りが合わなかったからだった。

ぼくは一所懸命仕事をしたが、無駄なことはしたくなかった。それよりも家に帰って、本を読んだり、テレビで好きなサッカー（リーガ・エスパニョーラだ）を見たりしたかった。

ぼくは毎日、必要な事務仕事を車に持ち込んで、ファミレスでランチを食べながらそれをこなした。それで、営業部員のだれよりも早く家に帰った。

上司はぼくの仕事の成果をその日のうちにチェックしなければならなかったが、彼女が営業先から帰ってくるときには、ぼくはたいていい会社にいなかった。

そういう日々が続くと、出勤と同時に上司に呼び出され、説教をされるようになった。ぼくの営業成績は部内でも一、二を争うくらいの数字だったが、毎日のように怒られた。

「みなと同じようなスタイルで仕事をしなさい」

上司がいいたいのは、結局、そういうことのように思えた。

すべては延長線上に

みんながやっているから、では到底納得できない。そればかりか、みんなとは別のことをしたくなる。いつも。

だから、友だちが少なかった。学校の成績もよくなかった。要領がとにかく悪かった。

でも、それが個性というものなのだから、仕方がない。

自分の力を世間一般の平均値に近づける努力をするよりも、自分ができそうなことをやる。続けられそうなことをやる。

続けられることというのは、存外多くはない。それはこれまでの自分の人生を思い出してみれば、はっきりとわかる。

できないことはできない、とすっぱりあきらめる。

それが、三十数年生きてきたぼくの数少ない教訓だった。

もしかしたら、ぼくはたいした仕事ができないかもしれない、とも思う。けれど、そもそも世間に認められたくて、仕事をするのではない。だれかを打ち負かすために、仕事をするのでもない。自分が全力を注ぐことができる仕事を自分で設計し、それに専念する。

会社を立ち上げた以上、だれからも命令されることはないのだから、自分の仕事は自分でつくっていくほかない。

重要なのは、自分の能力を過大評価しないことだろう。

かといって、見くびらないこと。

だれかになろうとしないこと。

これまで培《つちか》ってきた経験の延長線上で、すべてを考えるということ。

出版業界は不況の真《ま》っ只中《ただなか》にあったが、ぼくひとりの食い扶持《ぶち》くらいはあるだろう、と思った。

本が売れなくなっていた理由は明確で、人口が減っていることと、インターネット、そのふたつが主な原因だ。

かつては、本を売るということは、そのテキストや写真を、量り売りするかのように売ることでもあった。けれど、一九九五年に「Windows95」が発売されて以来、情報は見る見るうちにタダになっていった。

ぼくはパソコンにも疎く、ガラケーでニュースサイトを見ることもほとんどなかったが、二〇〇八年の夏に発売されたiPhoneを手に入れてからは、すっかりこのあたらしい機械の虜《とりこ》になっていた。

iPhoneはとにかく速かった。起動もアップデートも、なにもかも。そしてその速さと連動するように、あらゆるサイトの更新も頻繁になり、その手数の多さを競い合うようにして、有象無象のサイトとアプリが登場しては消えていった。

そこには、昨日のニュースよりも今日のニュースが、五分前の投稿よりも一分前の投稿のほうが価値があるという、時代の大きな変化があった。

ぼくは一〇代のころ、「週刊少年ジャンプ」や「週刊少年マガジン」を買い続けることで一週間の長さを知り、「ロッキング・オン」や「ミュージック・マガジン」を買い続けることで一カ月の長さを知ったが、いつのまにか、それらを待ち望んで生活をすることはできなくなっていた。日々、毎分毎秒更新される情報をチェックしているうちに、あっという間に一日が終わり、一カ月が過ぎていく。そんな時間のなかで、慌《あわ》ただしい生活をするようになった。


そうしたデジタルメディアのスピードに比べると、本の世界というのは、一〇〇年も前からほとんど変わっていないように見えた。見ようによっては、本だけが時代から取り残されているようだった。

当時、「本はやがてなくなる」といったり、書いた人は数えきれないくらいいた。でもぼくは、その本の変わらないところが好きだった。信頼していた、といってもいい。

ぼくがかつて在籍した会社では、「いい本だけど、売れない」とか、「良書が売れない時代になった」とか、もっとひどい場合は、「読者のレベルが落ちた」とか、いろんな「売れない理由」が、いろんな場所で話されていた。

ぼくはそういう話を聞くたびに、「違うよ」と思った。

まず、そんなにいい本ではないのだ。中身はもしかしたらいいのかもしれないけど、外見がよくないのだ。

本はただ単に、情報を紙に印刷して、それを束にしたものではない。それよりも、もっと美しいものだし、もっとあこがれるようなものだ。

内容の素晴らしさが装丁や造本に反映されていなければ、読者は手にとってくれない。みなが情報に飢えていた時代はもう一〇年以上も前のこと。

「読者のレベルが落ちた」なんていう人は、読者をはなから信頼していない。そんな人は、そもそも商売に向いていない。お客さんを信頼していない人に、ものを売れるわけがない。

怠けず、誠実に本をつくり、営業することができたら、ぼくはなんとか会社をやっていけるように思っていた。

事業計画書

起業すると同時に、会社の「事業計画書」をつくった。A4判一枚のかんたんなものだ。

「事業目的」は、「何度も読み返される、定番といわれるような本を、一冊々々妥協せずにつくることによって、長期的な利益を確保する。そのために、会社を応援してくれる本屋さんを全国に一〇〇店舗開拓し、それらの店を重点的に営業していく」というもの。

「何度も読み返される、定番といわれるような本」というのは、裏を返していえば、あっという間に読めてしまって、すぐに必要がなくなる本ではない、ということだった。

ぼくはこれまで、そういう本もたくさん読んできた。読んだらすぐにわかったような気になり、でも一週間もすれば忘れてしまうような本。明日のためにだけ必要で、それが済んだら、邪魔にしかならないような本。

「サルでもわかる」とか、「一日で身につく」というのは、ぼくにとって本である意味がなかった。そんな知識は、スマートフォンでじゅうぶん事足りる。

それよりも、一回読んだだけではわからないけれど、ずっと心に残る本。友人に話したくなるけど、上手《うま》く伝えられなくて、「とにかく読んでみてよ」としかいえない本。ぼくの孤独な時代を支えてくれた大切な本。ぼくが死んだあとも残る、物としての本。

そういう本をぼくはつくりたかったし、もし、つくることができたら、ぼくの仕事はずっと続いていくはずなのだ、と信じた。

「会社を応援してくれる本屋さんを全国に一〇〇店舗」というのは、ひとりでやる以上、それくらいの店舗が限界だということだった。

この数は、教科書営業の経験から割り出した。つまり、ぼくが担当していた高校の数だ。

二〇〇九年当時、全国には約一万五〇〇〇軒の本屋さんがあった。たとえばそのすべての書店に一冊ずつ本を置いてもらえば、それだけで一万五〇〇〇部を出荷できる。本を置いてくれる店舗を増やせば増やすほど、そのぶん売上は伸びていくはずだが、その代わり、一店舗ずつの対応はおざなりになるだろう。

まったく顔もださずに本だけを置いてほしい、というような仕事の仕方はしたくなかった。そういう仕事を続けていれば、いつか本屋さんからは愛想を尽かされるはずだし、それこそお金だけの関係になりかねない。

たとえば、電話一本、FAX一枚、メール一通だけの関係は、お金の行き来がある間だけ有効なのであって、それはそのまま「金の切れ目が縁の切れ目」になるだろう。

もし、いい本をつくることができたら、あとは高校の教科書を販売していたころのように、ひたすら営業すればいい。

目標は、北海道から沖縄まで自分の足で営業をするということ。きちんとした人間関係を築き、そのうえで本を売ってもらうこと。

たとえ本屋さんに置いてもらうことができなくても、最後の最後は、ひとりひとりの読者に手売りすればいい。そうすれば、最終的に赤字にはならない。

経営論的には大間違いなのかもしれないが、ぼくが思い描いていたビジョンとは、つまりそういうことだった。

ぼくの頭のなかには、いつも、近所の中華料理屋さんの仕事があった。

その店は実家からあるいて五分の場所にあり、ぼくは子どものころから、その店のラーメンや餃子《ぎょうざ》を食べて育った。彼らは家族四人で店を回し、汗を流しながら厨《ちゅう》房《ぼう》で調理をし、岡持ち付きのカブで近所をぐるぐると走りまわっていた。彼らはどんな時も笑顔で、ぼくと目が合うと必ず「こんにちは」といった。

ぼくは彼らの働きぶりが好きだったし、彼らのように仕事をしてみたかった。つまり、自分の仕事をデスクワークではなく、交渉事でもなく、肉体労働のようなものに近づけてみたかった。

出版という仕事は、テレビや新聞に代表されるようなマスメディアのひとつであるには違いないが、自分がこれからやろうとしていることが、そうした多くの人々に影響を与える仕事であるとは思えなかった。

ぼくには編集者としての経験がゼロだし、有名作家とのコネクションもない。華やかな舞台とはほど遠い。

それよりも、教科書の営業や、二〇代のころにあれこれやってきたアルバイト仕事。コンビニで「いらっしゃいませ」といい、パンを並べ、牛丼《ぎゅうどん》屋の狭い厨房で牛丼をつくり、サラダ用のキャベツを切る。そうしたパートタイム・ワークや、もっといえば、製造業、農家の人たちの仕事に近い価値観で自分の仕事をつくることが、堅実なやり方だと思えた。

時間をかけることがそのまま成果となるような仕事。汗をかき、足を動かしたことが、いつか実りとなるような仕事。

それがぼくの仕事の理想であり、営業もまたその理想の実現に欠かせないピースのひとつだった。

けれど、ほんとうをいうと、営業という仕事が好きだと思ったことは一度もなかった。

むしろ、教科書営業をしていたときは、毎日行きたくない、と思っていた（それで、ぼくは胃を痛めたのだ）。

いざ車で学校に着いても、なかなか職員室に行く気になれず、カーステレオで自分の好きな曲を二曲も三曲も聴いて、それからやっと車のドアを開ける。下駄箱《げたばこ》で靴を脱ぐときも気が重いし、職員室のドアの前に行っても、まだ踏ん切りがつかない。

ときには、もう一度車に戻って、煙草《たばこ》を立て続けに二本も三本も吸う。頭に浮かぶのは嫌なことばかり。ここから今すぐ逃げ出したい、早くこんな仕事をやめて、次はもっと楽な仕事をしたい、とも思う。

けれど、最後には行く。

なぜなら、行けば、一日一回はいいことがあるかもしれないから。

行けば、すべてが前進するかもしれないから。

復刊という選択

叔父と叔母のために一編の詩の本をつくるという仕事は、想像していた以上に難航した。結論から先に書くと、完成までに二年と四ヵ月がかかった。

そのあいだにぼくは三冊の本をつくった。

どの本も、かつて出ていた本の復刊だった。

一冊目はアメリカの作家、バーナード・マラマッド（一九一四〜八六）の『レンブラントの帽子』。二冊目は関口良雄（一九一八〜七七）の『昔日《せきじつ》の客』。三冊目は上林暁《かんばやしあかつき》（一九〇二〜八〇）の『星を撒《ま》いた街』。

この三人の著者の名前を知っているならば、かなりの読書好きだと思う。


復刊という方法を選んだのは、それまでの自分の読書経験からすると、いたって自然なことだった。ぼくが学生時代からずっと興味をもっていたのは、現役の作家より亡《な》くなった作家。しかし、出版不況もあいまって、昭和期の地味な作家たちの本は、年々新刊書店の棚から消えていっていた。

むかしの作家の作品には、SNSのような短い言葉では伝えられない、滋味というべきものがあった。そこにはドラマチックな展開も、涙を誘うようなクライマックスもなかったが、しみじみと「本はいいなあ」と思わせるような何かがあった。

それはある風景、ある台詞《せりふ》、あるシーンに、人生のすべてが凝縮されていると思わせるような、文章の凄《すご》みだった。すばらしい本を読んだあとは、必ず人生そのものに触れたような感触が残った。

それは、本という物の美しさも関係しているだろう。

ぼくが古本屋さんで好んで買うような本は、現在流通している本よりも、組みが細かいものが多く（つまり一ページの字数が多く）、読むのには骨が折れた。しかし、物として大切にしたくなるような存在感に満ちていた。

それらはたとえば、丈夫な函《はこ》に入っている。函から中身をとりだすと、表紙は布で覆《おお》われていて、作品名と著者名が箔《はく》押しされている。その文字の部分は黒く（あるいは金色に）凹《へこ》んでいて、本をひらくと、本文用紙とは異なる紙が一枚挟み込まれていて（別丁扉《べっちょうとびら》という）、ふたたびタイトルと著者名を読者に告げる。

単純に、お金や手間暇がかかっているというだけではない。それはいってみれば、作家と作品への尊敬の念のようなもののあらわれであって、本に触れるだけで、出版社が、編集者が、デザイナーが、この作家の仕事をほんとうに愛しているのだ、ということが伝わってきた。

けれど、そうした重厚な本は、二一世紀の書店で、あまり見られることがなくなっていた。

その理由はいたって単純で、あらゆる出版社が不況で、本づくりにお金と時間をかけられなくなっていたからだった。

復刊という手段を選んだのには、もうひとつ理由がある。それは、リサイクルをしたかったからだ。

インターネットが時代のスピードを上げていったことと長引く不況を背景に、本の流通のサイクルも、ぼくが学生だった九〇年代と比べると格段に速くなっていた。数年前に買おうと決めていて、けれどそのときはお金がなくて買えなかった本がしばらくすると絶版になり、プレミア価格になっている。もっとひどいときは、昨日まで本屋さんで山積みだった本が、今日はどこを探してもない。そういうことがほんとうに増えた。

本もまるで多くの商品と同じように、短距離走を走っているようだった。一週間で、一カ月で、どんなに長くても一年で結果を出さなければ、市場から消えて断裁されてしまう。まるで、流行と結託しているアパレルメーカーの新作やコンビニのスイーツのように、あたらしいものがつくられてはすぐに消えていく。けれど、夏目漱石の小説が読まれ続けているように、四〇〇年以上も前のシェイクスピアがいまもなお訳を変えながら版を重ねているように、本の寿命は本来とても長いものだ。

いまを生きる作家の本は、既存のたくさんの出版社がつくっている。それならば、ぼくはかつて出版され、絶版になっている本を、もう一度自分の手で世に出してみたかった。

数十年前の作家と編集者が魂を削ってつくった本に、もう一度あらたな息吹《いぶき》を吹き込んでみたかった。魂のリサイクル。

ひとり出版社の仕事

本をつくるのに際して、考えたのはただひとつ。それは、ぼくが欲しくなるような本をつくる、ということだけだった。

そのためには、できるだけ出費を惜しまない。そのぶん、定価が高くなっても仕方ない。とにかく、自分がお金を出して買わないような本は絶対につくらない。

『レンブラントの帽子』は、グラフィックデザインの大家である和田誠さんに装丁を依頼し、現代詩作家の荒川洋治先生（以前授業を受けたことがあるから、先生としか呼べない）に巻末エッセイを依頼した。『昔日の客』と『星を撒いた街』は、現在では珍しい布をつかった装丁にした。

どの本も費用がかかった。

けれど、お金がかかった分だけ、美しい本になった。

編集という仕事は、とどのつまり、だれかにお願いをするということだった。

それがすべてではないが、それがほとんどだといっていいくらいに、誰に仕事を依頼するかで成否が決まった。

いい人に当たれば上手くいく。でも、よくない人に当たればすべてが上手くいかない。ひとつのメール、ひとつの言葉の解釈の違いで、仕事が逐一ストップする。

そして、できあがってくるものは、お互いの折衷案といったような、なんともいえない代物《しろもの》だろう。

ぼくは編集者としての経験はなかったが、一読者として、尊敬する作家やイラストレーターや装丁家がたくさんいた。

ぼくの仕事とは、彼らに企画内容を説明し、誠心誠意お願いすることと、会社の資金のなかからできるだけ多くのギャランティを支払うこと。それ以外になかった。あとは彼らを信じる。スケジュールが遅れているときだけ、「どうですか？」とメールをしたり、電話をしたりする。

ぼくの場合、編集という仕事は、すくなくとも誰も思いつかないような企画を立てたり、社会に大きな影響を与えるメッセージをつくり出すようなことではなかった。どちらかというと、ものづくりに近かった。

この世にたくさんある先人たちがつくった本を見て、あこがれて、模倣するものづくり。

本づくりの細かなことは、デザイナーの櫻井久さんと、校正者の猪熊良子さんに教わった。

ぼくがもっているのは、本のイメージだけ。美しい本のイメージ。ぼくがほしいと夢想する本の漠然とした形。

それをプロである彼らが具体的なものに仕上げた。

彼らがいなければ、ぼくはなにもできなかった。


本は大まかにわけて、表紙にボール紙を使い、そこにカバーを巻くハードカバーと、柔らかい紙を表紙に使いカバーを巻くソフトカバーがある。

大きさは、四六判（一三〇ミリ×一八八ミリ）が主流だが、それより一回り大きいＡ５サイズもあれば、あえて新書サイズや、文庫本に近い大きさで本をつくることもある。

どういう造本にするかということは、本の内容と同じくらいに、ぼくにとって重要なことだった。

どんなに内容が素晴らしくても、見た目が本の内容に釣り合っていなかったら、それは本という物の価値を下げる。

ぼくは丈夫なハードカバーが好きだから、ハードカバーで本をつくりたい。サイズは出版社が自由に決めることができるので、四六判よりやや小さめ。本文用紙は少しだけ厚みがあるものがいい。

こうした本の設計の大枠を、デザイナーの櫻井さんに伝える。櫻井さんはこちらの予算に応じて、紙の候補を挙げてくれる。ぼくはそれをメモして、印刷所に見積もりを依頼する。

その繰り返し。

本の文字組みにかんしては、叔父と叔母のことを考えると、小さい文字は避けたい。

ぼくは参考になりそうな蔵書をもっていって、櫻井さんに相談する。櫻井さんはぼくの要望と、作品の内容に応じて、一行三八字、一ページ一五行といったふうに、インデザインというソフトをつかって文字組みをつくる。そこにぼくがワードでつくった原稿を流し込む。それでようやく本の印刷のもととなるゲラが完成する。

まずは、原稿の打ち間違いがないかどうかを自分の目で校正する。そこからが、校正者である猪熊さんの仕事。

猪熊さんはまず、単純な打ち間違いを拾う。たとえ復刊であっても、その本に書かれている年号や社会的な出来事など、他の文献で調べられそうなことは、図書館で資料を借りてきて、念入りに調べる。猪熊さんは頻繁に国立国会図書館へ行く。引用であれば、必ず原典にあたる。どんな大家の書いた本でも、引用部分はうっかり間違っている可能性がある。読点のありなし、漢字部分がひらがなになっていないか、その逆にひらがなが漢字になっていないか、送り仮名はあっているか。

たとえば「分かる」を昔の作家は「分る」と書いていたりする。現行の常用漢字表では「分かる」だから、素人《しろうと》のぼくは「分る」を「分かる」と直していたり、気づかずにそう打ち込んでいたりする。そうすると、必ず猪熊さんからチェックが入る。

この場合、正しいのは「分る」。どうしても「分かる」にしたいのであれば、著者か著者のご遺族に了解をとる必要がある。

仕事をはじめたばかりのときは、「そんな細かいこと、どうでもいいじゃないか」と思っていた。作品の内容が変わるわけではないし、直すのは面倒くさいし、このまま印刷しても誰からもクレームは来ないだろう。

けれど、猪熊さんはそうしたぼくの態度に気づいていたようで、しつこいくらいに、指摘箇所をちゃんと検討し、修正したかどうかをぼくに聞いた。飲み会のあとでさえ、「あれ、直しましたか?」とほろ酔いのぼくをつかまえて聞いた。

作家が書いたものは、すべての言葉が意図してそう書かれているのであって、編集者はそれを尊重しなければならない。それが出来ないのであれば、本をつくる資格なんてない。

猪熊さんは、それをぼくに教えてくれた。

本の営業もたいへんだった。

書店営業は多くの場合、A4の紙一枚に印刷された書籍情報だけで、書店員さんに「こんな本を出すんですが、どうですか?」と説明をする。

本は返品が可能な委託商品であり、買い切りではない。それがその他多くの業界と違うところだ。買い切りではないから、先方も「とりあえず五冊おいてみましょうか」というふうに、他業界の商品と比較して、ほんのすこしだけ気軽に注文ができる。売れなければ、いつでも返本すればいいからだ。

しかし当たり前だが、売れる見込みがなさそうな本を、書店は一冊も注文しない。

それが名前も聞いたことのない出版社で、かつ地味な作家の本であれば、なおさらだ。

ぼくがどれだけ苦杯を嘗《な》めたかは、ここでは詳《つまび》らかには書かない。でも一度だけ、あまりにも悔しくて、自分でも信じられないくらいに大きな声で、「クソッ!」と独り言をいったことがある。政令指定都市の目抜き通りのまん中で。

東京の書店をまわり、神奈川の書店をまわり、千葉の書店をまわり、愛知の書店をまわった。それから、「青春18きっぷ」で京都の書店をまわり、大阪の書店をまわり、兵庫の書店をまわった。

営業する店舗の候補は、ミシマ社のホームページにあがっている書店リストを参考にした。行ったことがない書店がほとんどだったので、iPhoneを駆使して、グーグルマップを見ながら、各地を訪ね歩いた。

まず本屋さんのなかに入ると、ざっと棚を見て、それから文芸書の担当者をさがす。棚の前で文芸書の整理をしている人がいれば、間違いなくその人が商談相手だが、書店員さんたちは毎日忙しいので、レジに回っていたり、お客さんの問い合わせを受けて店内を早足で歩き回ったりしている（彼らは平日が公休日の場合も多い）。

文芸書棚の整理をしている人がいるからといって、すぐに声をかけることはできない。ぼくが緊張しているからだ。喉《のど》が渇き、自分の口臭が気になる。棚の陰に隠れて、フリスクを口に入れ、呼吸を整える。

どこかに声をかけるための然《しか》るべきタイミングがあればいいのだが、そんなものはない。結局、「よしっ！　行こう！」と自分で自分の尻《しり》を叩《たた》く。

「お忙しいところすいません、わたし、夏葉社という出版社をはじめたばかりの、島田と申します。東京から来ました。文芸書の新刊のご案内をさせていただきたいと思うのですが……」

ぼくは自分の声の大きさがわからなくなっていて、聞き取れないような小さな声か、またはその場にはふさわしくない大きな声で、その人に話しかける。

宿は、大阪にある大学時代の先輩の家。朝一〇時から一九時まで知らない書店に書籍を紹介してまわって、クタクタになって、駅の近くのコンビニの前でアクエリアスかなんかを飲みながら、先輩が会社から帰るのを待つ。

「島田、今日はどうやった？」

スーツ姿の先輩はニコニコしながら、その日の成果を聞く。

「ぼちぼちですわ」

ぼくはなぜか関西弁になって、先輩にこたえる。

「梅田の紀伊國屋は行ったんか？」

「行きましたわ」

「旭屋《あさひや》は行ったか？」

「行きましたわ」

「ほんなら、田村書店は？」

ふたりでしゃべりながら先輩のマンションへと歩く。

いやなことは全部忘れるように努力する。その日あったたいいことだけを胸に抱えて、汗だくのワイシャツを脱ぎ、襟まわりがヨレヨレになった部屋着へと着替える。それから、先輩がとってくれたピザーラのテリヤキチキンのピザを食べながら、先輩が好きな阪神タイガースの試合を見る。

新外国人マートンが大活躍していたころのことだ。

書店まわりにも馴《な》れてくると、棚を見るだけで、ここのお店は注文をくれそうか、くれなそうか、わかるようになった。

最初は、自分の直感をたしかめるために営業もしてみたが、「注文をくれなそうだ」と思った書店のほとんどで実際に注文をもらうことができなかったので、棚を見てから営業をするかしないか判断するという方針に切り替えた。

「注文をくれそうな店」というのは、品揃《しなぞろ》えがぼくの好みに似ている店ということであったが、もっといえば、棚にどれだけ人の手が入っているか、ということでもあった。

本屋さんの仕事は、誰にでもできる仕事ではない。雑誌を最新号に入れ替えたり、文庫を出版社別にあいうえお順に並べたりすることは、ある程度オートマチックにできるが、それ以外の仕事には経験と愛情が要る。

具体的にいうと、一冊のあたらしい本を棚に入れるためには、一冊の本を棚から抜き出し、返本しなければならない。その作業は「全国平均の売上」という観点から行うこともできるが、そうすると、本屋さんからはその店ならではの個性がなくなっていく。他店との差異はどんどんなくなっていく。

なにが売れるかよりも、なにを売りたいかがその店の個性を決めるだろう。それは店主や書店員の主張というのとは意味合いが違う。書店にはそれぞれ売りたい本があるが、それだけを並べていてはすぐに経営は傾く。

それよりも、毎日のお客さんの動向を見て、「こういう本が売れたのであれば、今度はこういう本を展開してみよう」とか、「Aという本を買ったBさんは、今度出るCという本にきっと興味をもつだろう」というふうに、お客さんとの関係性のなかで品揃えを整えていく。そういう日々の仕事の積み重ねの上に、その店ならではの個性ができあがっていくのだ。

出版業界では、狂気の沙汰《さた》ともいえるが、年間に約八万タイトルもの新刊が発売される。本が売れないから、「下手な鉄砲も数撃ちゃ当たる」方式で、雪だるま式にどんどんとその数が膨れ上がってしまった。

書店員さんたちは、営業マンによる説明と、取次から送られてくる「週報」などによって、これから出る新刊の情報を知る。そして、それまでの実績と経験によって、発売前の本を事前に発注する。けれど、それだけでは見落としがあるので、出版業界の卸である取次が見繕って、毎日のように新刊をダンボールに詰めて書店に送る。

書店員さんたちは発売日当日に取次からの荷をあけて、「こんな本あったんだ」と喜ぶこともあるが、逆に「こんな本要らないよ」と一度も店頭には出さずにそのまま取次に返すこともある。そうした取捨選択をしない書店は、取次から送られてきた本をそのまま店に並べることになる。

ぼくは書店で働いたことがないから、本の流通にたいするそれ以上の詳しい事情は知らない。

全部、書店員さんたちからの耳学問で学んだのだ。

ぼくがお店を訪ねても、棚を見て、営業しない店とは、取次から送られてきた商品をそのまま並べているような店だった。つまり、売れ筋とそれまでのデータだけで品揃えをしている店。

そういう店に営業に行くと、「売れますかね?」と聞かれる。ぼくは言葉につまって、「売れないかもしれません」という。あとは会話もなにもない。「それではまたお邪魔します」というが、その店をもう一度訪ねることはない。

そういう書店が嫌いだというのではない。ただ、ぼくのつくった本は、そういう店では売れないというだけだ。

夏葉社の本は、比較的印刷にお金をかけていて、かつ刷り部数もすくないので、定価が高い(二二〇〇円の定価がいちばん多い)。

一方、大手の本は、刷り部数に応じて定価も安い。売れ筋ばかりが並ぶ店では、夏葉社の本は最初に価格競争で負ける。

しかし、全国各地を訪ね歩いていると、そうした書店ばかりでなく、品揃えの妙で勝負している店にも出会う。そういう店は行けばすぐにわかる。たとえば、一般的には売れ筋商品とはいわれない詩集や外国文学や写真集。こうした棚に力を入れている。

それは担当者が好きだから、という理由からではない。実際に、そうした本を探しに来るお客さんがその店に集まってくるから、おのずと棚づくりに力が入っているのだ。

いちばんわかりやすい例は、ジュンク堂書店だろう。

ぼくは創業時に、彼らにどれだけ助けられたかわからない。

ジュンク堂書店池袋本店。名古屋店。大阪本店。天満橋《てんまばし》店。難波店。西宮店。いまはなき新宿店。

彼らは会社が無名であるからという理由で、対応をおざなりにすることはなかった。むしろ、あまり知られていない作家の本にこそ興味を持ち、そうした本をきちんと棚に置くことが自分たちの仕事の本質だとばかりに、ぼくのたどたどしい商品説明を納得いくまで聞き、そして注文をくれた。

そういう店は、ジュンク堂書店だけではない。三省堂書店の神保町本店。東京堂書店。紀伊國屋書店の新宿本店。パルコブックセンター渋谷店、吉祥寺店。リブロ池袋本店。青山ブックセンター本店。オリオン書房ノルテ店。往来堂書店。吉祥寺の百年。名古屋のちくさ正文館書店。京都の恵文社一乗寺店。ガケ書房。古書善行堂。大阪の紀伊國屋書店梅田本店。長谷川書店。神戸の海文堂書店。

はじめて営業に行き、これらの店の担当者にやさしい言葉をもらったとき、大げさではなく、救われた気持ちになった。
ぼくは彼らに助けられて、仕事のスタートを切ることができた。
その恩義は、決して忘れられるものではない。

ぼくは自然と、彼らが喜んでくれるものをつくろうという気持ちで、あたらしい企画を考える、そういう仕事の進め方をするようになった。

ときに、店先で「こんな本をつくろうと思うんですが、どうでしょう?」と聞いたり、逆に、「島田さん、○○○○という本が長らく絶版なんですが、復刊しませんか?」と提案されたりもした。

ぼくは勢いで出版社を立ち上げたが、つくりたい本のアイディアが山ほどあったわけではなかった。

発想力にすぐれているわけではない。頭がいいわけでもない。交渉力に長《た》けているというのでもない。

会社は創業後の一、二年がいちばんきついというが、ぼくがそのもっとも厳しい時期を乗り越えられたのは、書店で働くたくさんの人が、ぼくの仕事を支えてくれたからだ。

それと、ひとりひとりの読者。

自分の仕事の場所をつくる

ぼくは先に、「本をつくるのに際して、考えたのはただひとつ。それは、ぼくが欲しくなるような本をつくる、ということだけだった」と書いたが、もうひとつだけ付け加えたい。

それは、できるだけ他社がやらない仕事をするということ。

そのことも、最初から決めていた。

自分の仕事をつくるということは、他社が手をつけていない（あるいは、手放してしまった）領域で、仕事をはじめるということだ。

ぼくは競争社会からなるべく遠い場所で、自分の仕事に集中したい。けれど、市場を見なければ、どこが未開拓地なのかがわからない。だから、毎日のように本屋さんに行く。

他社の仕事と自分の企画が重複していたら、できるかぎり手をひく。他社がやりそうだなあ、と思っても手をひく。そうでなければ、自分の仕事の場所はつくれない。

売上の多寡《たか》が問題なのではない。自分の仕事の場所を保持することのほうが、よほど大切だ。

もちろん、そうすると困難なことが多い。

ぼくが出そうとする本は、他社が思いつかない企画というよりは、会議のテーブルに載っても、ゴーサインが出ないような企画ばかりだから、営業先でその本を紹介しても、「売れそうだから、注文しますね」ということにはまずならない。作家の名前もあまり知られていないことのほうが多い。

おのずと注文冊数は伸びない。本音をいうと、毎日つらい。面と向かって、「返本になりそうな本は取り扱いできません」といわれたこともある。

けれど、あきらめずに書店を回っていると、マラマッドの名前に、関口良雄の名前に、上林暁の名前に、反応してくれる書店員さんと出会うことがある。ぼくはそのとき、商談相手を見つけたというよりも、友人を見つけたような気持ちになる。

ほんとうにうれしい。

一冊目の本が売れてくれれば、二冊目の本も置いてくれるかもしれない。それで、二冊目の本もまた売れてくれれば、三冊目の本も置いてくれるかもしれない。その先にあるのは、「その本の著者の名前は知らないですが、島田さんがいいと思ってるんですよね？　だとしたら、置いてみます」という、思いもよらぬ反応だ。

それはマーケティングの世界というよりは、信頼とか、そういう類《たぐ》いの話だと思う。

もっといえば、ビジネスの相手というよりも、友人同士の話。

嘘《うそ》をつかない。裏切らない。自分だけが得をしようとは考えない。

そういう世界で仕事を続けるほうが、ぼくの性に合う。

最初に応援してくれた彼らの信頼を裏切らないように、ぼくは仕事をしなければならない。

けれど、せっかく築いたこの信頼だって、本が一冊も売れないという事態が続けば、あっという間に崩れてしまう。

会社を続けるということは、ほんとうに難しい。

趣味でやっているのではない。かといって、ビジネスでやっているのでもない。なんとか自分のやりたいこと、やるべきことを見つけ出し、それに専念する。理想も、夢もなにもない。

毎日、手一杯だった。

叔父と叔母のためにつくるはずだった詩の本はなかなかできあがらず、いつだって、一カ月先の予定すらなにも決まっていなかった。

それでも、本屋さんへ営業に行ったり、本を発送したり、次につくるべき本を探して古本屋さんや国会図書館へ行ったり、毎日が忙しかった。たいてい、朝の一〇時から夜の一〇時まで手を動かし、足を動かしていた。

そうした仕事の量に比例するように、知り合いもたくさん増えた。

それまでのぼくの友人は、大学時代の文芸部の仲間だけだったが、会社を続けていくうちに、本屋さんで働く人たちや、ぼくと同じように書店営業をする出版社の人たちと頻繁に連絡をとったり、ときには飲みに行ったりするようになった。

そういうときは、仕事の話をすることはほとんどなかった。

それよりも、ずっと若いころの話。学生時代になにを聴き、なにを読み、なにを見たか。ビールを飲みながら、そういう話をしていると、あっという間に二時間も三時間も過ぎた。たとえば、サニーデイ・サービス。たとえば、保坂和志。たとえば、一九九三年の日本シリーズ。

彼らと話すたびに、同じ時代に同じようなものを聴いて読んで、影響を受けて、それで大人になった人たちがこんなにもたくさんいるのか、と驚いた。

彼らはぼくとどこか似ているのだった。

お金がなく、どこか鬱屈《うっくつ》していて、本と音楽が好き。ぼくと同じように、どこかで暗い青春を過ごし、迷い迷いながら三〇代を迎えている。

そういう人たちは東京だけでなく、京都にもいたし、奈良にもいたし、熊本にもいた。

彼らは、ビジネスの相手というよりも、あたらしい友人のようだった。それぞれの会社の事情よりも、私生活や体調や恋のほうが気になるような人。

彼らがたとえば書店員だったとしたら、ぼくは彼らにたいして、自分の仕事をいちから説明する必要がない。趣味嗜好《しこう》が似ていることがわかっているから、彼らが名前を聞いたことのないような作家でも、ちょっと話をするだけで大体通じる。

「ぶっちゃけ、どうなんですか？」

そんなふうに聞かれると、

「○○さんは好きだと思います」

または、

「好きじゃないかもしれません」

とこたえる。

「売れますか？」

と聞かれたら、

「あまり売れないかもしれません」

とちゃんという。

そうしたいくつもの関係が、ぼくの仕事の基盤となった。彼らがおもしろいと思ってくれるような仕事をしよう。彼らがいいと思ってくれるものをつくろう。

それは学生時代に夢中になった、テープづくりにもどこか似ていた。みんなが知らないだろうアーティストの曲や大好きな曲を六〇分のカセットテープに目一杯ダビングして、旅行先に向かう車のなかでかける。

ぼくの亡くなった友人たちは、そのベストを聴いて、「いいっすね」とか、「すかしてますね」とか、思い思いのことをいう。

涙が出てくるくらい、なつかしい。

ぼくは具体的なだれかを思って、本を企画し、実際に紙の本をつくる。というか、それしかできない。

ベストセラーを出すことが自分の仕事であれば、そんなやり方は通じないかもしれないが、二五〇〇部くらいの刷り部数であれば、なんとかそのやり方で続けていけそうな実感があった。

会社をはじめて二年目くらいのことだ。

手紙のような本

なぜ二五〇〇部という数字にこだわっているかというと、それがぼくが具体的に想像できる数字だからだ。自分がなんとか把握できて、利益もちゃんと確保できる数字。

新刊ができあがると、印刷会社が玄関先まで本を運んできてくれて、それをマンションのワンルームに積み上げる。二五〇〇部の本は、部屋の面積のおおよそ四分の一を占める。

ぼくは、刷り上がったばかりの本を郵便局をとおして本屋さんに卸す。そして、読者に無事買ってもらうことができたら、それがぼくの給料となる。

ざっと計算すると、たとえば『レンブラントの帽子』が一冊売れて、五四〇円の利益。

楽ではない。

刷り部数を増やせば、そのぶん経費もかかるが、利益は大きくなる。けれど、そうすると、ぼくにはそのマーケットの広さが想像できない。ひとりひとりの人間の顔がみえない。

たとえば、出版業界の例をあげていうと、大手取次の担当者や、全国展開している書店の本部の仕入れ担当者など、大きな裁量をもつひとりの人間に営業をかければ、効率的にたくさんの注文をもらえるかもしれない。

でも一方で、ぼくは顔見知りの現場の書店員の人たちのことを思う。ぼくが直接店舗まで営業に行かず、どういう新刊が出るのか知らぬ間に、ある日、本部をとおして夏葉社の本が入荷する。

そのことで、人間関係が全部台なしになるということはないだろう。けれど、そういうことが続けば、その人とのあいだには、ビジネスという関係しか残らないのではないか。

ぼくは本づくりのことを考えるとき、手紙のことを思う。

会ったことのない人に初めて仕事を依頼するとき、ぼくはよく手紙を書く。数百円の安い万年筆で、母親から「ペン字を習ったほうがいい」と一〇〇回くらい言われた下手な字で、どうして仕事を依頼したいのか、できるだけ丁寧に綴《つづ》る。

メールの場合も同じだ。なるべく自分の気持ちを正確に伝えようと苦心する。紋切り型で終わってしまって、ぼくという人間のことが伝わらないことがないよう、文章を考える。ときに、一本のメールに一時間も二時間もかかってしまうことがある。

しかし見方を変えれば、一対一の関係だから、それだけ時間がかかるのだ。官僚の文書のような手紙を書くだけなら、そんなに時間はかからない。インターネットで雛形《ひながた》を検索し、コピー&ペーストですぐに送信することができる。

当たり前だが、ひとりに対して送るメールと、複数人に送るメールでは、文章の内容が異なる。伝えられる内容も違う。

一般論としていえば、一斉にメールを送る相手が多ければ多いほど、文章は最大公約数的になるだろう。受け取り手たちは、それぞれ個性の違うひとりの人間なのだから、わかりにくい文章や込み入った表現は、なるべくわかりやすいものに直す必要がある。余計な私情は挟まない。とにかく、正確に、わかるスピードを重視して、文章をつくる。

一方、一対一のメールや手紙であれば、得てして私情のほうに重心がかかる。この人ならわかってくれるだろうという表現で、自分の気持ちを伝え、相手の心情を慮《おもんぱか》る。

受け取り手が、一人か、二人かによって、文章の質は決定的に変わる。

本というものは、果たして、一対一の手紙に似ているのか、一対複数の手紙に似ているのか、どちらだろうか、と思う。

ふつうに考えれば、一対複数の手紙なのだろうが、ぼくは、一対一の手紙のような本をつくりたいと願う。

具体的な読者の顔を想像し、よく知る書店員さんひとりひとりを思いながらつくる本。

親密で、私信のような本。

仕事もまた同じ。

一対一の関係でしか伝えられないことがある。

効率的に、合理的に仕事を進めようと思えば思うほど、ひとりひとりの個人の顔が見えなくなってくる。

さよならのあと

一冊の詩の本をつくり上げるために、ぼくは会社を立ち上げてからも、頻繁に高知を訪ねた。

亡くなった従兄《いとこ》の代わりになったつもりで、叔父と叔母と三人で車で出かけ、国道沿いにあたらしくオープンした店でラーメンを食べたり、川沿いで桜を見たりした。

夜になると、叔父の車を借りて、ひとりで遠出をした。それで車のなかで音楽を聴いたり、高知市内の本屋さんへ行ったりして、従兄のことを考え続けた。

従兄は、いまのぼくと同じようにひとりでハンドルを握っていたとき、なにを考えていたんだろう。ふと、なにを思い出していたんだろう。

叔父と叔母の家は、太平洋から徒歩五分ほどの距離にあった。

彼らの家は二階建てで、二階にある従兄の部屋には遺品がそのまま残っていた。引き出しには彼が好きだったアーティストのアルバムCDがあり、九〇年代に発売された短冊形《たんざく》のシングルCDがぎゅうぎゅうに詰まっていた。襖《ふすま》の上の壁にはたくさんの帽子がかけられていて、押し入れには彼の洋服が山のようにあった。嗅覚《きゅうかく》を研ぎ澄ませれば、従兄の気配がまだ部屋に残っていた。ナフタリンの匂《にお》いの底に、ふだん使っていたシャンプーの匂いがあり、従兄が吸っていたマルボロの薫《かお》りがあった。

叔父と叔母はたまにそこへ行く、といった。どれくらい滞在するのかはわからないが、惹《ひ》きつけられるようにして階段をのぼり、気が済むまでそこにいた。

ふたりとも六〇歳を過ぎていたから、仕事をしていなかった。

毎朝、決まった時間にご飯を食べ、洗濯をし、掃除機をかけ、近くのスーパーへ車で出かけ、パンと魚を買い、昼寝をして、風呂《ふろ》に入り、夕飯を食べ、就寝前はそれぞれがテレビで好きな番組を見る。

叔母は、「朝起きるときがいちばん恐《こわ》い」といった。毎朝、目を覚ますと同時に、息子の不在を確認する。どこを探しても息子はいない。世界の果てまで探しに行っても、息子はこの世に存在していない。それを毎日、念入りにたしかめなければならない。

ぼくは彼らのかなしみの深さを、一生理解することはできないだろう、と思う。

彼らには三人の息子がいたが、次男は先天性の心臓疾患で五歳で亡くなっていた。それから二〇年以上経《た》って、今度は長男が亡くなった。残った三男は、兄の死後、室戸を離れて、岡山に仕事を求めた。

ある晩、叔父はビールを飲みながら、三人の息子のうち、五歳で亡くなった息子のことをいちばん覚えている、といった。長男は優しかったが、繊細で、気を遣いすぎる。彼が働く姿を見ていると、自分のことを思い出すといった。三男は甘やかされて育って、負けん気が強く、どこか妻に似ている。次男は五歳で亡くなったが、かしこかった。五歳なのに、なにもかもわかっている、というようなきれいな目をしていた。

京都の病院で心臓の手術をし、失敗して、叔父と叔母は、一〇時間かけて、幼い息子の亡骸《なきがら》を室戸まで連れて帰った。道中ずっと、叔母が息子の冷たい身体《からだ》を抱きしめていた。

一冊の本が人生を救うというようなことはないのかもしれない。

叔父と話していると、そんなふうに思う。

でも、ぼくにはきっと、なにかできることがある。ぼくにしかできないことがある。毎日、そんなことを考えながら、仕事をしていた。

たとえば、夏葉社を立ち上げてからこんなことがあった、あんなことがあった、と叔父と叔母に電話で話す。できあがったばかりの本を叔父と叔母の家へ送る。新聞や雑誌で夏葉社の本が紹介されたら、その記事を切り取って郵便で送る。

そういうことの積み重ねで、かなしみを少しずつ押し出す。遠いものにする。蓋《ふた》をするのではない。何回も色を塗り足すようなイメージ。

従兄が亡くなったあとも、いろんないいことがあったんだよ、とたくさんの事実をひとつひとつ積み上げていく。止まっていた時計のぜんまいを巻き直す。

創業から三年目の二〇一一年の秋、ぼくは足立区生涯学習センターに招かれて、「本のワンダーランドへようこそ」という講座の講師をつとめた。

埋もれていた文芸書を立て続けに復刊したことで、ぼくは新聞社などから何度か取材を受けていた。三三歳の編集未経験の社長が、忘れられていた昭和の名著を発掘し、ひとりで営業までしている、ということが、当時の目新しいニュースだったのだ（「ひとり出版社」という言葉が生まれたのは、そのなかの朝日新聞の記事がきっかけだと思う）。

足立区の担当の方もそうしたニュースで夏葉社の存在を知ってくれたのだろう。古い本を現在によみがえらせることの意味とか、本の良さとか、そういうことをみなの前で話してほしいという依頼だった。

ぼくはそこで、一編の詩の本の話をしてみたかった。

『さよならのあとで』と名付けられたその薄い詩の本は、二年以上かかって、ようやく本の形ができあがりつつあった。一ページに一行、または二行の詩の言葉を載せ、絵本作家の高橋和枝さんに、たくさんのモノクロのイラストを描いていただいた。

参考にできる書籍もなく、ほとんどゼロからはじめた仕事だったので、ぼくは発売直前になっても、自分のやってきたことに自信をもてていなかった。

でも、この一編の詩がなければ、ぼくは出版社をつくらなかったし、本というものの価値について深く考えることもなかった。

もっといえば、従兄がまだ生きていたら、本をつくるという仕事を選んでいなかった。

みなの前で、「ケン」の話をするので、東京まで聞きにきてほしい、と叔父と叔母に電話で伝えた。「こんな機会は二度とないと思うから、ぜひ来てほしい」。

一一月の肌寒い秋の日、千住の足立区生涯学習センターで、室戸から上京した叔父と叔母を含め、約二〇名くらいの聞き手を前に、なぜ自分が出版社を立ち上げたかをしどろもどろに話した。

いろんなことを瞬時に全部思い出して、泣いてしまいそうだった。

叔父と叔母の顔を見ると、叔母は目を真っ赤にして泣いていた。叔父はなんともいえない顔をして、ぼくを見つめていた。

まるで、道に迷ってしまった少年のような顔だった。

海辺の町で

二〇一四年の春、従兄の七回忌で久しぶりに従兄の弟に会った。兄が亡くなったあと、ひとりっ子になってしまった、ぼくの従弟《いとこ》だ。

彼は兄が亡くなってから、兄のことをまったくといっていいほど話さなくなった。むかしの従兄のバカ話をしても笑うだけで、せいぜい返ってくる言葉は「なつかしいね」ぐらい。

ぼくは彼が〇歳のときから知っているのであり、彼の成長を遠くからずっと見守ってきた。

ぼくは彼のことが好きで、彼もきっと、ぼくのことが好きだった。

七回忌のときも、ふたりでずっと一緒に過ごした。むかしはテレビゲームと音楽の話しかしなかったが、最近は本の話もよくするようになった。

彼は社会に出てから読書をするようになり、ぼくは、ビジネス書以外にもこんなにおもしろい本がたくさんあるんだよ、と事あるごとに彼に話した。

万城目学《まきめまなぶ》はおもしろいし、町田康もすばらしいし、吉田修一もいい。日本の小説以外だと、フィッツジェラルドの『グレート・ギャツビー』は小説として完璧《かんぺき》だし、ドストエフスキーもエンターテインメントだと思えば、楽しく読める。

二十九歳になっていた彼は、万城目学の『とっぴんぱらりの風太郎』が最高だった、とぼくに話した。あと、町田康の『告白』もめっちゃくちゃおもしろかった。

そんなふうにいわれると、ぼくはうれしくなって、このときも彼を連れて、高知市内の金高堂《きんこうどう》や宮脇《みやわき》書店、ブックオフや安芸《あき》のツタヤなどに行って、お勧めの本を何冊か買って与えた。

彼は、以前買ってもらったドストエフスキーの『罪と罰』は難しくて途中でやめた、といった。村上春樹はあんまり好きではなくて、それよりも万城目学や雫井《しずくい》脩介《しゅうすけ》の小説が好きだ。

「わかるわ」ぼくはいった。「ぼくも万城目学と雫井脩介が好きやし。でも、いつか『罪と罰』も面白く読める日が来るかもしれんで」

「いや、きびしいかも」

「でも、全然おもろくないな、と思って最後まで読んだ本が、ずっと心に残るって、けっこうある」

「そういうもんかね」

「うん、たぶん」

ぼくはそのとき言葉を濁したが、ほんとうは車のなかで彼にこういいたかった。

本は考える時間をたくさん与えてくれる。思い出す時間もたくさん与えてくれる。読書というものは、すぐに役に立つものではないし、毎日の仕事を直接助けてくれるものではないかもしれない。でもそれでも、読書という行為には価値がある。

人は本を読みながら、いつでも、頭の片隅で違うことを思い出している。江戸時代の話を読んでも、遠いアメリカの話を読んでも、いつでも自分の身近なことをとおして、そこに書いてあることを理解しようとしている。

本を読むということは、現実逃避ではなく、身の回りのことを改めて考えるということだ。自分のよく知る人のことを考え、忘れていた人のことを思い出すということだ。

世の中にはわからないことや不条理なことが多々あるけれど、そういうときは、ただただ、長い時間をかけて考えるしかない。思い出すしかない。

本はその時間を与えてくれる。ぼくたちに不足している語彙《ごい》や文脈を補い、それらを暗い闇《やみ》を照らすランプとして、日々の慌《あわ》ただしい暮らしのなかで忘れていたことを、たくさん思い出させてくれる。

つまり、なにをいいたいかというと、きみの兄は、きみのことをすごく好きだった。

すごく愛していた。

ぼくはそれを、きみに忘れないでいてほしい。

「おにいの洋服、もう処分しようや」

彼が職場のある岡山に帰る日、突然、そういった。

叔父と叔母はなにひとつとして、従兄のものを処分したがらなかったが、彼は人生にひとつの区切りをつけたがっていた。

叔父と叔母は、「置いちょっても、ええやいか」といった。

弟は、「でも、ずっと置いちょっても、しゃあないで」と両親に迫った。

「ジュンはどう思う?」

叔母がぼくに聞いた。

ぼくは、兄のことをずっと話そうとしていなかった弟がそういっているのだから、それはそうすべきなのではないか、と思って、「みんなで楽しくやったらええと思うで」といった。「四人がせっかくおることやし」

「それやったら、海で焼こか」

しばらくして、叔父がいった。

子どものころ、従兄とキャッチボールをした太平洋の浜辺に、従兄が着ていた洋服を山のように積んだ。

叔父がその上にガソリンをかけて、火をつけた。

とても小さな火だった。

その火がすべての洋服に行き届くように、叔父は流木を使って、洋服をひっくり返したり、混ぜ返したりして、衣類の山のなかに絶えず空気を入れ込んでいた。

「代わるわ」

従弟がいった。

けれど、すぐに、「熱い！」といって、火のそばを離れた。

「やるわ」

今度はぼくがいって、従弟から流木を受け取った。けれど、洋服の山のそばに立つと、火傷《やけど》をしたように皮膚が痛くなって、一〇秒も続けられないのだった。

叔父は無言で息子の洋服を焼き続けた。

ひとりの人間が生きていくのには、こんなにもたくさんの洋服が要るのだった。

ぼくと従弟はそれを見ながら、煙草《たばこ》を吸った。

「もう一回やらせて」

ぼくは流木を持って、洋服と火と灰が一緒になった塊にふたたび近づいた。

そして、ふと自分の髪型が坊主《ぼうず》であることに気づき、一昨日《おととい》、法事で見た坊主の口ぶりを真似《まね》して、「南無阿弥陀仏《なむあみだぶつ》」と唱えながら、流木で従兄の洋服をかきまぜた。

叔父と叔母と従弟が、大きな声で笑った。

ぼくはその声にうれしくなって、何度も何度も「南無阿弥陀仏」といいながら、浜辺で思い出の数々を焼いた。

小さな声のする方へ

だれでもやれる

創業して一年目は赤字だった。
二期目でようやく黒字になった。
三期目は赤字で、四期目、五期目が黒字。六期目は赤字。七期目から一〇期目が黒字。
通算成績、七勝三敗。
経営は楽ではないが、なんとか続けていけそうな感触はある。
会社を経営するということは、ぼくが想像していた以上には難しくはなかった。
経営に必要な才覚なんて、たぶんない。「やる」と覚悟を決めれば、だれでも、いつでもはじめられる。あとは全部はじめてから考えればいい。毎日毎日、軌道修正していけばいい。

働いているすべての人に、起業を勧めたいというわけではない（ぼくはいまでも勤め人にたいする憧《あこが》れがある）。会社を経営するということは、一方で、お金との終わりのない戦いでもあって、貧乏が苦にならない人でなければ、ストレスに満ちたものになるだろう。

幸い、ぼくは東京に実家があったので、創業して最初の二年半は世田谷にある実家から吉祥寺の事務所にかよった。

わざわざ高いお金を払って事務所を借りたのは、仕事と生活を切り分けたかったから。事務所を借りなければ、生活はもっとゆとりのあるものになったはずだが、この仕事を一〇年も続けることができたか、自信はない。

夜遅くまで自宅兼事務所で仕事をし、次の日は、昨日あれだけ仕事をしたから昼過ぎまで眠ろうと思い、午後の三時ごろからだらだらと仕事をはじめる。そうすると、働く時間は自然と深夜にまで及び、やがて仕事の日と休日との区別はなくなる。頭はいつまで経《た》ってもリフレッシュされないし、いつの日にか、今日が何曜日かまでがわからなくなる。

それは働く人の個性によるだろう。休日、昼夜関係なく仕事をしていても、まったく平気だという人もいれば、ぼくのように、休むときはきっちり休みたいという人もいる。

それ以外にも、たとえば、ぼくは誰ともしゃべらずに一日中仕事をしていてもそんなに苦痛を感じないが、誰かといっしょでないと、そもそも仕事がおもしろくないという人がいる。外回りが好きだという人もいれば、営業だけは絶対にいやだ、という人もいる。

そういう人に、営業しなきゃダメだ、といったところで、いやなものはいやなのだから、仕方がない。その人は、営業をしないというスタイルで、自分なりの仕事のやり方を築き上げていく。

仕事の核となるのは、あくまでひとりの人間の個性だ。

こうすればうまくいくというような仕事の型があって、それに無理やり自分を押し込めるのではなく、わたしにはなにができ、逆になにができないかを考え続けて、日々の仕事を試行錯誤しながらつくっていく。

そこには、ずば抜けた能力なんて必要ない。ノウハウや特別なコネクションも、関係ない。

それよりも、なにをやるべきか。もっといえば、今日、だれのために、なにをするか。

仕事の出発点は、いつもそこだ。

本を読みながら、町を歩きながら、忘れていた人たちのこと、日々のことを、思い出す。

職種について

先日、ファミリーレストランで、遅めの昼食をとっていたときのこと。

ぼくは持ってきていた本を読み終え、手持ち無沙汰《ぶさた》になって、店の入り口のラックに並んでいた求職情報誌をテーブルにもってきた。そして、それを読んで、とても暗い気持ちになった。

ブレイディみかこさんの『ヨーロッパ・コーリング』（岩波書店）には、こんな記述がある。

「勝手に人の国に入ってきて、国に貢献することもせず、儲《もう》けるだけ儲けて国を荒らしていく。そうだ、あいつらが悪いんだよ」

これはヨーロッパに住む人々の、移民にたいする心の声のひとつだ。

そのアイロニーとして、紹介されるのはこんな発言。

「グーグル、アマゾン、スターバックス！『真のあいつら』とは、そいつらのことだろ！」


ぼくが求職情報誌を読んで暗い気持ちになったのは、仕事を探していた過去の日々が思い出したくもないくらいに辛《つら》かったからでもあるが、そこに紹介されている職種が、驚くくらいに少なかったからでもある。

ぼくはコンビニで働くことも好きだし、介護職にも興味がある。必要とあらば、アマゾンの商品を配達する日々を送ることも厭《いと》わない。

しかし、本音をいえば、世の中の仕事はもっと多種多様であるべきだ、と思う。ぼくが学生だったころと比べて、求職情報誌に載っている職種が減ってしまったのは、さまざまな仕事の場所と機会を提供していた中小企業が淘汰《とうた》され、あるいは苦境にあることと無関係ではない。

そうした現状を「経済構造の変化」という言葉だけで捉《とら》えるのは十分ではなくて、必要以上に苛烈《かれつ》な競争社会が、このような職種の減少を招いた、と考えるほうが、ぼくの実感に合う。

淘汰された企業を「努力不足」という人もいるが、会社を経営している身からすると、それだけじゃないんだよ、と弁明もしたくなる。どれだけ努力しても、どうにもならないことは世の中にたくさんある。

大手に紐《ひも》づかないと来月の給与も心もとない。でもグローバルな、寡占《かせん》化された社会での大手とは、先のグーグルやアマゾンやスターバックスのような会社のことをいう。

彼らの提供するサービスは素晴らしいが、それを享受《きょうじゅ》し続けることは、巡り巡って、自分たちの職種を減らす。

マクドナルドのポテトは美味《おい》しいし、セブン－イレブンはめちゃくちゃ便利だし、アップルの製品がなければ、ぼくは日々の快適さをそうとう失うことになるだろう。

でも、これがぼくの望んでいた社会かというと、「全然ちがう」と断言できる。

がんばって努力して、ディズニーやアップルやグーグルで働けるようになりたい、と願う人がいるのはわかるし、その目標を成し遂げた人たちには、最大級の敬意を払う。

では、その限られた椅子《いす》に座れなければ、どうすればいいのか。ディズニーやアップルやグーグルに負けないような会社に入るというのが第二の選択肢で、そうした巨大なグローバル企業に負けない会社をつくるということが、その場合のもっとも勇敢な選択肢なのだろうか。

ちがう、と思う。

どうして、こんなことをつらつらと考えているかというと、日本中で、本屋さんがどんどんなくなっているからだ。

ぼくはたくさんの本屋さんに支えられて、会社をなんとか軌道に乗せることができた。けれど、その一方で、毎年のようにたくさんの本屋さんが閉店していった。その理由は、インターネットとスマートフォンの影響がひときわ大きいだろう。ぼくは自宅から事務所のある吉祥寺まで、毎日電車通勤をしているが、電車のなかのほとんどの人が長方形のモニターに釘付《くぎづ》けになっている。

かつては満員電車のなかで、職人のように新聞を小さく折りたたみ、ひとつひとつの記事を丁寧に読むサラリーマンがたくさんいたが、最近はそうした姿もほとんど見ない。

つまり、もっともストレスに満ちた朝の満員電車という空間のなかで、スマートフォンは娯楽の王者の地位を獲得し、それを揺るぎないものにしたのだ。

もちろんその一方で、いまも電車のなかで本を読む人たちがいる。ぼくもまた、そのひとりだ。

知らない人たちのスーツとスーツの隙間《すきま》に、ページをめくるだけのスペースをなんとか見出《みいだ》し、ときに降りる駅を忘れてしまうほどにその世界に没頭し、読みさしの箇所に指を突っ込んだまま、乗り換えのホームをとぼとぼと歩く。

本を熱心に読む人の数は、往時と比べてもそんなに減ってはいないだろう。けれど、本や雑誌を暇つぶしの選択肢のひとつとして捉えていたような人たちの多くは、スマートフォンに移行してしまった。

彼らはそこでニュースを見るし、動画を見るし、買い物をする。インターネット上ではすべてが数値化されていて、どの店がもっとも安く、どの出品者がもっとも高い評価を得ているかが、瞬時にわかるようになっている。

そうした便利さが社会の隅々にまで行き届いた時代のなかで、個人店一店がどれだけ努力したところで限界がある。

それは、本屋さんだけではない。CD屋さんもなくなったし、おもちゃ屋さんもなくなったし、電気屋さんも、金物屋さんも、米屋さんも、魚屋さんも、八百屋《やおや》さんも、町からなくなった。

まず、価格競争のなかに放り込まれた店が、次々と町から消えた。その次に、価格競争から守られていた小売店が町から消えた。

そのぶん、いろんなものが昔より安く買えるようになったし、かんたんには手に入らなかったものが、注文したあくる日に自宅のポストに届くようになった。けれど、その代わり、仕事の選択肢が減った。

巨大資本から逃れて

ある日の夜のこと。

高齢の夫婦が古いバンから降りてきて、トランクに積んだたくさんのダンボール箱をがさごそとより分けている。夫はそのなかから、大手通販サイトのロゴが入った荷物を取り出すと、小走りで目の前のマンションに入っていく。高齢なので足取りは遅い。けれど、一秒でも早く、という焦《あせ》りがその背中から伝わってくる。

マンションのロビーの白い光のなか、老いたその人は、ダンボール箱を抱えたまま、オートロックの機械の前にぼんやりと立つ。一〇秒。二〇秒。三〇秒……。男性は、注文主が不在であることを確認すると、腰に巻いた蛍光色のポーチのなかから不在票をとりだし、壁に向かってボールペンを走らせる。そして、マンションに入っていったときと同じ足取りで車へと戻ってくる。

便利であるというのは、つまりそういうことだ。

スマートフォンで注文した品物は、だれかが汗をかいて仕分けし、だれかが小走りで持ってきてくれるから、早くて、便利なのだ。商品が安いというのは、そのぶん、だれかの取り分が少なくなったから安いのだ。

品揃《しなぞろ》えが悪い。

注文しても、時間がかかる。

通信販売も対応はしてくれるが、送料がかかる。

駐車場がないので、車で行くときは駐車場代を別途払わなければならない。

けれど、こうした課題をすべてクリアしても、それでもアマゾンには敵《かな》わない。

地方の本屋さんをまわっていたとき、ある書店主からそんな話を聞いた。

このまま行くと、飲食店以外の店はほとんど町から姿を消し、商店街に残るのは、携帯ショップと百円ショップとコンビニと美容室のみになるだろう。

書店主のその推測はあながち間違ってはいないはずだ。それらのリストにいくつかつけ加えるならば、あとはドラッグストアとパン屋さん、不動産屋さんぐらいだろうか。

ためしに、この原稿を書いているパソコンで、大手通販サイトを検索してみる。すると、そこでは本や洋服だけではなく、牛乳も売っているし、刺身まで取り扱っている。

こうした大資本と正面切って戦うのは、あまりにも無謀だ。かといって、その傘《さん》下《か》で商売をしてみても、顔の見えない相手に振り回されるだけだ。先方はこちらの窮状など、一顧だにしない。

ぼくは、こうしたあらゆる巨大な資本から逃れて、自分の仕事の場所をつくりたい、と願う。

幸い、その見本はぼくのまわりにたくさんある。ぼくの髪を長年切ってくれた美容室を見ればいい。近所の中華料理屋さんを見ればいい。駅前の豆腐屋さんを見ればいい。古本屋さんを見ればいい。

ぼくの仕事は本質的に、彼らとなにひとつ変わらない。これまで夏葉社の本を買ってくれたお客さんや、目の前のお客さんを信じて、本をつくる。

彼らが、いい、と思ってくれれば、ぼくの仕事は続いていくし、これくらいでいいだろう、と手を抜きはじめたなら、やがて食い扶持《ぶち》を失うだろう。

ぼくの仕事は、いつまでたっても安定とはほど遠い。日々、試行錯誤だ。それでも一〇年というあいだ、仕事を続けてこられたのは、これまでの仕事が具体的であったからだと思う。

ぼくは、よく知っている書店と読者のことを考えながら、本の企画を立て、本のつくりを考える。本ができたときの彼らの反応や感想を想像しながら、著者に原稿の加筆修正をお願いし、ゲラに鉛筆を入れる。そうしたすべてが、ぼくの仕事の基礎なのだ。

けれど、具体的であるからこそ、往々にして、大きな売上には繫《つな》がりにくい。

あの人とあの人とあの人は必ず買ってくれるだろう、というような推測はできるけれど、それ以外のことはさっぱりわからない。彼らと同じような趣味嗜好《しこう》をもった人たちがたくさんいれば、本はたくさん売れるが、そうでなければそんなに売れない。

そういうことをずっと、続けている。

こうしたやり方をしていれば、安泰というのでもない。

ぼくは、どんなに努力をしても、お客さんの何割かは必ず離れていく、ということを経験的に知っている。

かつてのぼくが、大好きだったアーティストの新譜をあるとき買わなくなったように、彼らはある日、夏葉社の本を買わなくなる。

それは、ぼくのものづくりの志向と、彼らの求めているものが乖離《かいり》していった結果かもしれないし、単純に、彼らの目の前にもっといいものが現れたせいかもしれない。

いずれにせよ、彼らはかえってこない。彼らはより新鮮で、より優れたものにたいしてお金をつかう。

それにたいして、ぼくができることは、あたらしいお客さんに向けて、門戸をひらいておくことくらいだ。

門戸をひらくというのは、だれもがいいと思ってくれるものをつくるということではない。もちろん、みんなが興味をもってくれるものをつくるということでもない。

二五〇〇部という少部数でありながら、オープンであるということは、つまり、できるだけ買いやすい価格の商品を設計するということだ。

夏葉社の本は高いといわれることも少なくないが、ぼくは、若い人たちに本を買ってもらいたいから、なるべく定価を安くしたいと思う。

わかっている人たちにわかっているものを届けるというスタイルでは、ただただお客さんは漸減《ぜんげん》する一方だ。彼らの不在を補塡《ほてん》するのは、さらなる定価の上昇であり、さらには「限定」という販売スタイルにほかならない。

もちろん、そうではない商品もある。もともと多くの需要は見込めず、けれど世に出す価値があり、そうするのであれば高品質で出さなければ意味がない、というような商品だ。

それは本の場合、写真集や画集などの芸術書が該当するだろう。

定価を思い切って下げて、そのぶん生産部数を増やすと決断することは可能だが、その失敗は経営的な打撃となってそのまま返ってくる。

それが積み重なれば、会社は借金を重ねなければならないし、その先にあるのは破産だ。

二五〇〇円の本を二〇〇〇部売るのと、五〇〇〇円の本を一〇〇〇部売ることによる利益は、そんなに差がない。もっといえば、一万円の本を五〇〇部売るやり方だってあるのだ。

それを決めるのは、「わたしだったら買うか」という主観以外にない。

「わたしだったら買わないけれど、お客さんは喜ぶかもしれない」というような商品は、たいてい下らないものだと思う。

大きな声、小さな声

お客さんを万単位で捉えるか。具体的な人たちとして捉えるか。そのどちらを選ぶかによって、仕事のやり方は大きく変わる。

万単位で捉えるならば、まず多くの人に知ってもらうために宣伝をしなければならない。テレビや雑誌、新聞などのマスメディアを使うことは必須《ひっす》だろうし、グーグルやフェイスブックなどを利用した広告もその選択肢に入ってくるだろう。あるいは、いかにして、テレビやインターネットのニュースに取り上げられるか。ぼくはかつて一度だけ、テレビで自社の本が大きく取り上げられる経験をしたことがあるが、見る見るうちにアマゾンの在庫が減り、会社のツイッターのフォロワーが増えていくのを見て、「ものをたくさん売るとはこういうことなんだ」と目からウロコが落ちる思いがした。

そこには、ダイレクトな結果がある。パソコン上で、あるいはスマートフォンのなかで刻々と変動する具体的な数字がある。

世の中には、流通しやすい言葉をつかうことに長《た》けている人がいる。「いいな」と思わせるような言葉や文脈を自由自在につかって、人々の心を瞬時に摑《つか》み、社会に影響を与える人たち。もしくは、「いやだな」と思わせるような、けれど見過ごすことのできない言葉を鋭く発信し続けることによって、絶えず話題の中心にいる人たち。

彼らはコピーライターである場合もあるし、コメンテーターであったり、政治家であったりもする。

彼らの社会での活躍と、いまのビジネスの世界でいう成功とは、ほとんど同じ話のように思える。

より早く。より広範囲に。よりダイレクトに。

けれど一方で、そういう社会を生きにくいと思っている人たちがいる。彼らはゆっくりと生活をしたいし、自分のペースで物事を考えたいし、仕事はできるだけコツコツとやりたい。それはつまり、ぼくのことだ。ぼくの友人たちのことだ。

彼らは特別ななにかを要求しない。子どものころから親と先生にいわれたことをきちんとやり、社会に出たら出たで、会社にいわれたとおりの仕事をきちんとこなす。

彼らに、もっと会議で発言してください、とか、あたらしいイノベーションを起こすための企画を考えてください、とかいう人たちの気が知れない。彼らには彼らの個性があり、持ち分がある。

そういうものを低く見積もったり、損なったり、壊したりするような風潮があるのだとすれば、そういう流れに抗《あらが》う存在として、本はあるし、音楽はあるし、小さな店はある。

大きな声は要らない。感じのいい、流通しやすい言葉も要らない。それよりも、個人的な声を聴きたい。

だれも「いいね！」を押さないような小さな声を起点に、ぼくは自分の仕事をはじめたい。

日本中から本屋さんがなくなる一方で、あたらしい本屋さんが少しずつ増えている。

それが、この業界の希望だ。

二〇一〇年オープンの北書店（新潟）、一一年オープンの徒然舎《つれづれしゃ》（岐阜）、ひとやすみ書店（長崎）、半月舎（滋賀）、一二年オープンのレティシア書房（京都）、一三年オープンのPEOPLE BOOKSTORE（つくば）、栞日《しおりび》（松本）、一四年オープンのblackbird books（大阪）、READAN DEAT（広島）、とほん（奈良）、ナツメ書店（福岡）、一五年オープンの１００３（神戸）、古書らせん堂（青森）、紙片（尾道）、一六年オープンの Title（東京）、REBEL BOOKS（高崎）、一七年オープンの本屋ルヌガンガ（高松）、BOOKNERD（盛岡）。

思いつくままにいくつか名前を挙げたが、二〇一〇年以降に個人が開業した書店は、全国にもっとたくさんある。

彼らは、誰も思いつかないようなあたらしいビジネスをはじめたというのではなく、大量生産、大量消費以前のやり方を現代に蘇《よみがえ》らせることによって、自分の仕事の場所を保持しているように見える。

彼らの多くは、どこの本屋さんでも買うことができる雑誌やコミックスを売らない。テレビで話題の本も、新聞で大きく宣伝されている本も扱っていない。その代わりに、古書や、少部数発行のリトルプレスや、夏葉社のような小さな出版社の出版物を取り扱う。

それはいってみれば、大きな声でなく、小さな声を尊重する店のあり方だ。「みんながそういっている」というのではなく、「あの人はこういってるよ」という本の並べ方。

ぼくはできる限り、そうしたあたらしい店にも顔を出すようにしているが、彼らと話をしていると、ほんとうに元気が出る。

彼らは本を大切にしているが、それ以上にお客さんとの関係を大切にしている。実際にそれらのお店に行って見えてくるのは、本の姿というよりも、その店を愛するお客さんの姿だ。

たまたま、店に常連さんがいたりなんかすると、

「東京から来ている島田さんという人で、この本をつくってるんですよ」

と夏葉社のことを紹介してくれる。

そうすると、ごくまれに、

「あ、この本、読みました」

とお客さんから反応があることもある。

ぼくは、単刀直入に、「おもしろかったですか?」と聞く。

「はい。すごくよかったです」

ぼくは、わざわざ遠方まで足を運んでよかった、と心の底から思う。そしてその相手の顔を忘れないように、ちらちらと確かめるようにして、その人の横顔や後ろ

姿を眺める。

「好きな作家はだれですか？」

「なにか復刊してほしい本はありますか？」

話が合いそうだなと思った相手には、そんなことをも聞く。

こうした一対一の人間関係が、ぼくにとっての仕事の手応《てごた》えだ。

ひとりの作家が書いた本を、ひとりの編集者が編集し、ひとりのデザイナーが本の形に仕立てて、ひとりの人間が営む本屋さんに卸して、ひとりのお客さんに手渡す。

すごくわかりやすくて、健全な関係だと思う。

けれど、こうしたやり方は、ほとんどの場合、巨利を生まない。日々生活していけるだけのお金が精一杯だ。本屋を営む人たちのなかには、他にバイトをかけもちしながらやっている人もいる。

でも、彼らは本を売るという仕事が自分に向いていると思って選んだし、ぼくも本をつくることが自分に向いていると思って、いまの仕事をやっている。

清貧が理想だというのでもない。本音をいえば、もっとお金がほしいし、最近は車もほしいし、一生に一度はハワイにも行ってみたい。でもそれより何より、この仕事を一年でも長く続けたい。

ぼくはときどき、チョコレートやコロッケやラーメンを羨《うらや》ましいな、と思う。靴も洋服も歯磨き粉もボディソープも羨ましい。

これらの商品は、ためしに食べたり、使ってみたりして、いいな、と思えば、もう一度その店に行って、食べたり、買い直したりする。最高だな、と思えば、二年も三年も愛用し、なくならないようにずっと買い足し続ける。

けれど、本はそれらの商品とは違う。すごくよかったからといって、同じ本をもう一冊買うことはめったにない。基本的に、一回買ったらそれきりだ。

さらにいえば、そこには目に見える需要もない。

編集者たちは、こういう本をつくってほしい、という読者からのオーダーに基づいて、本をつくっているのではない。それまでの経験と、執筆を依頼しようとしている著者の実績から（あるいは、こういうものを書きたいのだ、という作家の情熱から）企画を立ち上げ、上司や営業部員たちと協議を重ねた上で、本をつくる。

はっきりとした需要が見えてくるのは、営業部員たちが書店をまわり、あるいは全国の書店に一斉に新刊案内のFAXを流し、その返信を受け取ってからだ。「この本はいいですね」とか、「うちはとりあえず一冊でいいです」といった書店員さんたちの個々の反応によって、その本がどれくらい売れそうなのかが経験的にわかる。

それは、ひとりですべての業務を行うぼくにとっても、同じだ。書店に営業に行った一日目で、この本がどれくらい売れそうなのか、なんとなくわかる。だから、営業初日がいちばん緊張する。書店への営業には新刊の内容を説明したA4のチラシ一枚と一冊の束見本《つかみほん》（本の背幅を計測するためにつくられる、装丁も本文も印刷されていない白紙の本だ）をもって行くことが多いのだが、誇張ではなく、ものの一〇秒もあれば、この本が相手に喜ばれているのかどうかがわかる。

喜ばれていないようであれば、なるべく早く営業を終わらせて、次に行く。そういうことが何軒も続けば、ああ、この本は売れないのだ、とわかる。

こうしたことのすべては、つまり、最初に供給があって、それから需要が生まれるということなのだ、と思う。

本の紹介をされて、ああ、それなら読んでみたいと思う。あるいは、本屋さんの店頭で一冊の本に出会って、これを買って家に持ち帰りたい、と思う。そういうふうにして、本は一冊ずつ売れていく。

その意味で、本をつくるとは、「こういう本はどうでしょう」という提案であり、「こういう本ができました」というひとつの結果報告のようなものに過ぎない。

もちろん、そうでない本もある。その最たる例は、人気のある作家の新作だろう。そこには具体的に待ち望んでいる読者がいる。彼らは何年も何年も、作家が原稿を書くのを待ち、書き終わるのを待っている。そして、それを出版社が美しい形にするのを、一日千秋の思いで待ちわびている。

しかし、それ以外の本には、そうした熱烈な読者はいない。彼らは、SNSや新聞などである本の存在を知り、その内容や評判に惹《ひ》かれて買う。ないしは、書店で偶然見かけて、買う。

自分の仕事を続けていくためには、売れない商品をつくってはいけない。当たり前といえば、当たり前だ。

けれど、「売れないものをつくらない」という足かせは、思いのほか重い。売れる確証のある商品とは、端的にいえば、すでに売れている商品だ。人気のある作家の本や、いま話題のジャンルの本。世間を騒がせるようなベストセラーが出たあとには、雨後の竹の子のように、似たような本が書店の一角を埋め尽くす。

けれど、うちのような小さな出版社がそうした仕事に手を染めたら、終わりだろう。それはだれかのための仕事ではなく、たんに浅く広くお金を集めるための仕事だ。そうした本を出すことは、短期的な資金繰りの役には立つかもしれないが、仕事を長く続けていくことを目的とした場合には、マイナスにしかならないだろう。

お客さんはいつでも、その会社の最新の仕事をとおして、その会社の価値を知る。最新の仕事が悪ければ、過去にどんなにすばらしい仕事をしていたって、どんなに立派な理念をもっていたって、それらはすぐに、遠く見えないくらいに霞《かす》む。

逆に、いちばんあたらしい仕事が素晴らしければ、それまでの仕事もより輝いて見える。

ぼくの経験からいえば、最新刊が売れれば、それまでに出した本もそれに合わせて少しずつ売れるようになる。けれど、最新刊の出来がよくなければ、それまで売れていた既刊までもがパタッと売れなくなる。

その失敗をなかったことにして、また一から始めようとしても上手《うま》くいかない。挽回《ばんかい》するのには、長い時間がかかる。

好きな本から学ぶ

結局、自分がこれまでやってきた仕事の延長線上にしか、あたらしい仕事はないのだ、と思う。

その土台を無視して、まったく違うことを始めたり、あたらしい展開を試みたところで、それはやっぱり、ただの付け焼き刃に過ぎない。

次の仕事は、いつだってこれまでやってきた仕事が規定する。それがよいものであれ。悪いものであれ。

ぼくの場合、最初に叔父と叔母がいた。次に、『レンブラントの帽子』の制作を手助けしてくれた、装丁家の和田誠さんと、現代詩作家の荒川洋治先生がいた。編集の初心者だったぼくは、おふたりに教えてもらったことを基礎に、自分なりの仕事を手探りでつくっていった。

書籍はベルトコンベアで流れ出てくるものではありませんし、読んだら捨てちゃうというもんじゃない。そういう本もあるだろうけど、書籍というものはたいがい読まれたあと書架に置かれ、いい本なら繰り返し手に取られ、もしかしたら孫の代まで受け継がれるものです。ティッシュペーパーの箱とは根本的に違う。流通の段階で便利というだけで、こんなものを永久に刷り込んじゃって、書籍を汚くしていいものなのか。

(和田誠『装丁物語』白水社)

和田さんが「こんなもの」と書いているのは、本の裏表紙にあるバーコードのことだ。

これは一九九〇年から出版業界内で標準化されたもので、バーコードを刷る位置も、カバー裏の上から一〇ミリ、背から一二ミリと、細かく指定されている。

ぼくだって本が読者に早く届くことに反対する理由は何もないですよね。だけど、あまりにも単純に「便利」というイメージに惑わされてはいないか、と思った。もっと慎重に検討されなかったのか。こんな大きなスペースをとるバーコードでなく、もっと細いもの、もっと小さなものができるだろう。あるいは透明のインクで刷るとか。（同前）

和田さんはそのバーコードにたいして、「便利が美しいもの、面白いもの、洒落《しゃれ》たものを犠牲にしていいのか」と異議を唱えた。

事実、和田さんが装丁された本は、文庫本をのぞいて、バーコードはカバー本体に印刷されていない。その代わり、はがすことのできるシールに刷られていたり、帯に印刷されていたりする。

ぼくは和田さんのこの本をいつ読んだのか、覚えていない。けれど、和田さんに装丁をお願いする前には、その言い分に強く影響を受けていて、最初に出版した

『レンブラントの帽子』のバーコードは、当たり前のように帯に印刷した。それで、どこからもクレームが来ることはなかった。

ぼくは会社をはじめるまで、和田さんとは面識などなかったし、誰かに紹介してもらったわけでもなかった。ただただ、和田さんに装丁してほしいのです、という思いを長い手紙にしたためて、ポストに投函《とうかん》した。

どれだけのギャランティを払えばいいのかもわからなかったから、そのときに自分が払える目一杯の金額をその手紙に記した。「お金がないから、これで」というお願いをしたら、長期的な、いい関係は築けないと思った。

はじめて訪れた和田さんの事務所には、和田さんが装丁された本が壁一面にずらっと並び、それを見ているだけで、本って綺麗《きれい》だなあ、と思った。

和田さんに「手にとって見てもいいですか?」と聞いて、「いいよ」といわれたから、見たことのない本を棚から次々と引き抜いて、じっくりと眺めた。

これもいいですね、あれもいいですね、といっているうちに、陽が陰っていった。

二〇一〇年の春のことだ。

その『レンブラントの帽子』の注文をくれて、書店のいい場所に並べてくれた本屋さんは、みな、和田誠さんの仕事を愛する人たちだった。

彼らに共通していたのは、本にたいする美意識だ、と思う。

彼らはだれひとりとして、「本は読めさえすればいい」とは思っていなかった。情報の束だとも思っていなかった。それよりも、どちらかというと、「美しい物」と捉えていたように思う。

本を買って帰ることで生活が豊かになる。

彼らは、そんなことを信じているようにも見えた。

商店街で花を買うようにして、本を買う。

パンを買うようにして、本を買う。

その喜び。

もちろん、本は花とも違うし、パンとも違う。日々の生活を豊かにするが、一方で、読む人の人生を大きく左右してしまうくらいの可能性を持つ。

あるとき、ぼくが尊敬する編集者は、「本は時限爆弾だ」といった。

なんとなくいいな、と思って買って帰り、そうして部屋の書棚に差し込み、忘れたころに読んで、ガツンと衝撃を受ける。その本を読む前と読んだあとでは、景色がまるで違って見える。

ぼくも、何度かそういう経験をした。

そういうことがあるから、本という物に惹かれる。

本を読んでいるあいだは、いつも、著者の言葉を借りて、その著者の文脈で、そのなかに書いてあることについて考えている。

だから、ふだんの自分の頭では考えられないことや、日々の生活とはほど遠い、大きな物事についても考えることができる。

たとえば、一九世紀のヨーロッパの哲学。たとえば、一万年前の地球の風景。たとえば、未来。たとえば、政治。たとえば、宇宙。

本の力を借りれば、どんな事柄だって、自分に引き寄せて考えることができる。

机の上でひとりでじっと考えているだけでは五分ももたない集中力が、活字を読み、ページをめくることで、一〇分も、三〇分も、一時間も持続する。よい本を読んだあとは、物事が以前よりクリアに見える。その著者の言葉がまだしっかりと頭に残っているから、それらでもって、自分の身の回りのことや、これまで思い悩んできたことを相対化するのだ。

もちろん、しばらくすれば、そのほとんどは頭からすっぽりと抜け落ちて、いつもの平凡な自分に戻る。

けれど、澱《おり》のように何かは残っている。

その何かを手がかりにして、前に進む。

この世をふかく、ゆたかに生きたい。そんな望みをもつ人になりかわって、才覚に恵まれた人が鮮やかな文や鋭いことばを駆使して、ほんとうの現実を開示してみせる。それが文学のはたらきである。（略）文学は現実的なもの、強力な「実」の世界なのだ。文学を「虚」学とみるところに、大きなあやまりがある。科学、医学、経済学、法律学など、これまで実学と思われていたものが、実学として「あやしげな」ものになっていること、人間をくるわせるものになってきたことを思えば、文学の立場は見えてくるはずだ。

（荒川洋治『文芸時評という感想』四月社）

二〇〇二年の産経新聞の「文芸時評」に掲載されたこの文章ほど、ぼくを励ますものはない。

ぼくは自分がどうすればいいのかわからなくなったとき、いつも先生の本を手にとる。そうすると、背筋がピンと伸びる。もっと真摯《しんし》で、もっと誠実な仕事をしなければ、と思う。

先生は現代詩作家であり、随筆家である一方で、紫陽社という詩の出版社を営むひとり出版社の大先輩であり、『レンブラントの帽子』の刊行の際は、巻末エッセイを寄稿してくださっただけでなく、作品を収録する順番や、奥付など、本づくりにかんする細かいことを教えてくださった。

そもそも『レンブラントの帽子』という本の存在を知ったのも、先生の著作からなのだった。先生の『文学が好き』（旬報社）という本のなかで、「二一世紀への一〇冊」にその短篇が入っていて、そんなにもすばらしいのか、と思って、二〇代のぼくは古本屋さんを探しまわって、一九七五年に集英社から刊行されたその本を手に入れた。

はじめて読んだ『レンブラントの帽子』は涙ぐむほどにすばらしかったが、それよりも、現在流通している本よりもすごい本が古本屋さんにはある、と知れたことが、ぼくにとっての事件だった。

それらは、不況といわれる出版業界全体からすれば、地味な本で、短期的な売上の見込めない商品なのかもしれないが、それはビジネスの物差しだけではかっているからであって、その色眼鏡をはずせば、燦然《さんぜん》と輝く、文学の宝物なのだった。

それは、ぼくを励ましてくれる。ぼくの心に灯火を与えてくれる。ありきたりな言葉でいえば、読む人の人生を豊かにしてくれる。

ぼくはこの本の素晴らしさをだれかにいいたくて仕方なかったが、わかってくれそうな友人が身の回りにいなかった。だから家にいた母に、「この短篇、短いから読んでみてよ」といった。

数日後、母は「とてもよかった」といった。

ぼくは「いいでしょう」といった。

この短いやりとりが、『レンブラントの帽子』の復刊のきっかけになった。

ふだん文学を読まない母がいいといってくれたのだから、この本は文学好きだけでなく、もっと多くの人に読まれる、と思った。

本は人のよう

『レンブラントの帽子』に続く二冊目は、関口良雄さんの『昔日《せきじつ》の客』という本の復刊だった。

この本の存在は、京都の「古書善行堂」店主の山本善行さんから教えてもらった。

関口さんは作家ではなく、東京の大森にあった「山王書房」という古本屋さんの店主だった。その店での日々を描いたのが『昔日の客』という本で、そこには、お客さんの思い出や、敬愛する作家たちへの思いが、溢《あふ》れんばかりに綴《つづ》られていた。

関口さんは一九七七年に亡《な》くなっているから、面識はない。けれど、奥さまとご子息から、在りし日の思い出を何度もうかがった。

主人がどれだけ本を愛していたか。

父がどれだけ、好きな作家を尊敬していたか。

復刊した『昔日の客』のあとがきで、息子の直人さんが紹介した、関口良雄さんの言葉がいつまでも忘れられない。

古本屋というのは、確かに古本という物の売買を生業としているんですが、私は常々こう思っているんです。古本屋という職業は、一冊の本に込められた作家、詩人の魂を扱う仕事なんだって。ですから私が敬愛する作家の本達は、たとえ何年も売れなかろうが、棚にいつまでも置いておきたいと思うんですよ。

ぼくは、この言葉に強く影響を受けた。自分の仕事の方針を決定づけられた、といってもいい。

ぼくの仕事の出発点は、そもそも叔父と叔母のためのものだった。けれど、和田誠さん、荒川洋治先生、関口良雄さんと出会ってから、本をつくることは、「作家や詩人の魂を扱う仕事」だと学んだ。

それは、一冊の本をひとりの人のように思うということだった。ビジネスのツールではなく、大量生産される商品でもなく、日々敬意をもって、人と会うように、本と接するということ。

その意味で、本をつくるということは、その著者の人格のようなものを、本という具体的な形に仕立て上げることにほかならない。

それは、美しければいいというのではない。

簡素でいいし、素っ気なくてもいいし、お金だってかけなくていい。

ただただ豪華な本というのでは、なんの意味もない。

著者はひとりひとり性格も魅力も違うのであるから、その著者にふさわしい造本でなければならない。

一九七八年に一〇〇〇部だけ刊行された『昔日の客』の原本は、山高登さんという編集者の手によるものだった。

国立国会図書館で初めて見た、その布装の小ぶりな本は、表紙をめくると、半透明のパラフィン紙が一枚あって、その向こうにはカラーの木版画が一葉挟み込まれていた。

それは、著者の古本屋があった大森の、教会の見える風景を描いた版画で、八色の版で刷られていた。山高登さんが、親友である著者のために、手ずから一枚一枚版画を刷ったのだ。

『昔日の客』は間違いなく、見る人の心を打つ本だった。本そのものが、関口良雄さんその人のように見え、その美しい活字が、関口さんの声のようにぼくの胸に響いた。

ぼくは後年、九一歳の山高登さんにインタビューをし、それを『東京の編集者』という本にまとめたが、そのなかで、山高さんは何度も「昔の本はきれいでした」とおっしゃった。

実際、話を聞かせていただいた山高さんの藤沢のご自宅には、古い本がたくさん並び、その茶色い本の背が、秋の日の光を浴びていた。

山高さんは大正一五年生まれで、戦前戦後の紙のない時代を経て、新潮社に入社し、上林曉や、尾崎一雄などの渋い文芸書をつくり続けた。

山高さんの趣味は、ずっと古本漁《あさ》りだった。軍隊に持っていけるわけでもないのに、戦争に出征する直前ですら、古本を買った。

戦後、山高さんは新潮社の編集者になると、デスクの傍らに買ってきた古本を積み、それを参考に仕事をした。明治の美しい本にあこがれ、戦前の「コドモノクニ」に掲載されていた武井武雄や、初山滋の仕事に強い影響を受けて、それをみずからの本づくりに活《い》かした。

ぼくは、編集者としての経験がないから、本づくりのほとんどを模倣からはじめた。

若かりしころの山高さんと同じように、神田や、中央線沿線の古本屋さんをまわり、なにか参考になりそうな本があると買って帰り、それを電車のなかや事務所の机の上で夢中になって眺めた。

デザイナーと打ち合わせるときも、たいてい古本を一冊もっていった。

みずからのイメージを専門的な語句に変換する力がないので、こんな感じの本をつくりたいんです、と最初に実物を見せて、話をはじめるのだった。

デザイナーの櫻井さんが、「いいですね」といってくれれば、そこから本づくりがはじまったが、反応が悪ければ、また違う古本を探した。

ひとりではできない

ひとりで仕事をはじめてわかったことは、ひとりでできることなんて、数えるくらいしかないということだ。

ぼくはひとりで電車に乗れる。

ひとりで書店に行ける。

書店に案内するための新刊のチラシをひとりでつくることができるし、なんなら、そのチラシのデータをコンビニの複合機に送り、出張先でプリントアウトすることもできる。

けれど、ぼくにはそもそも、本をつくるためのアイディアがない。

そのほとんどは、ぼく以外のだれかがぼくに示唆《しさ》してくれる。

彼らは生きている場合もあれば、永遠の眠りについている場合もある。

ぼくは古い本をとおして、彼らの声を聞く。電車のなかで。定食屋のテーブルのうえで。眠りにつくベッドランプの下で。

実際に本をつくる段になれば、作家の力を頼りにし、デザイナーと校正者の力を借りる。

本を売るためには、ひとりの書店員さんの力を借りる。それを日々の生活の資金にするためには、ひとりの読者の力を借りる。

ぼくは、自分がつくった本がその定価に見合ったものだと信じているが、それでも数多《あまた》ある本のなかから、彼らが、「わざわざ」、「売ってくれた」、「買ってくれた」と感じる。

それは、決して忘れられるものではない。

会社は二年目にして黒字になったが、それは『昔日の客』の初版があっという間に売り切れ、増刷になったからだ。

営業に行っても、関口良雄さんの名前を知る人に出会うことはほとんどなかったが、本が発売されてすぐに、岡崎武志さん、荻原魚雷《おぎはらぎょらい》さん、南陀楼綾繁《なんだろうあやしげ》さん、カーネーションの直枝政広さんといった人たちが、この本の素晴らしさをインターネットで宣伝してくれた。

ぼくは、先にインターネットとスマートフォンがいかに出版社の売上を奪ったかを書いたが、他でもない、そのふたつに支えられて、自分の仕事をたくさんの人に知ってもらうことができた。

たとえば、ここに書いてきたすべてのことが一九九〇年の出来事だったらどうだろう。

ぼくは自社の本を知ってもらうために、大枚をはたいて新聞に広告を打たなければならなかったし、メディアで紹介してもらうために、それまでやったことのない類《たぐ》いの営業をしなければならなかった。

けれど、『レンブラントの帽子』と『昔日の客』を刊行した二〇一〇年には、すでにツイッターがあった。そこには、ぼくと同じような趣味嗜好をもった人たちがたくさんいて、日々のよろこびや、嘆きや、思いつきや、そのいずれにも属さない小さなことを、スマートフォンのなかで随時発信していた。

ツイッターがあたらしかったのは、そこに、一対一の人間関係があったことだ。

フォローし、フォローを返せば、二人の間にゆるやかな行き来が生まれる。ソーシャル・ネットワーキング・サービス（SNS）をとおして、読者と出版社との距離は劇的に近くなった。

このあたらしいメディアの特徴は、書き手と読み手が明確に分かれるブログや、新聞やテレビ、ラジオといった旧来のメディアと比べると、よりはっきりとするだろう。ツイッターで情報を発信する者は、同時に情報を受信する者であり、情報を受信する者は、同時に情報を発信し、拡散する者となる。

なにをいいたいかというと、ぼくはツイッターをとおして日々、自社の本を宣伝しているが、それだけではあまり効果がない。『昔日の客』だけでなく、『レンブラントの帽子』や『さよならのあとで』までもが後に増刷になったのは、書店と読者がSNSをとおして、これらの本の存在を広めてくれたからだ。

これはどれだけ強調しても強調し足りないくらいの事実だと思う。

一九九〇年と異なるのは、こうしたメディアのあり方だけではない。本屋さんのあり方も三〇年前といまとでは、全然違う。

ぼくが幼いころは、いまよりもたくさんの数の本屋さんがあったが、そのほとんどは三〇坪にも満たぬ小さな店だった。

その小さなスペースは、たくさんの雑誌と、たくさんのコミックスと、たくさんの文庫で溢れていて、単行本の文芸書のスペースはごくごくわずかだった。

ぼくはこうした小さな本屋さんに通って本を好きになったが、では、そこにぼくがつくっているような本を置いてもらうスペースがあったかというと、ほとんどなかったはずだ。

万が一置いてもらえたとしても、そこはベストセラー作家たちのための特等席であり、彼らを差し置いて売上を上げることは、不可能とまではいわないが、かなり難しかったろう。

こうした書店の風景が変わっていったのは、アメリカの強い要請によって、大店法（大規模小売店舗法）が一九九一年に改正され、二〇〇〇年に廃止されたことによる。

この法改正によって、本屋さんはどんどん巨大化していった。つまり、うちのような小さな出版社の本を置くことができるスペースが、全国各地に次々とできていった。

たとえば、多くの本屋さんには「小説」「エッセイ」「実用書」「学習参考書」というようなジャンルの仕切りがあるが、巨大書店ともなると、「小説」のなかに「海外文学」の棚があり、さらにその棚は「アメリカ文学」「イギリス文学」「ドイツ文学」へと細分化していく。

その流れでいうと、『レンブラントの帽子』は「アメリカ文学」の棚に収まるのであり、『昔日の客』はというと、「エッセイ」という大分類のなかの「読書」、さらにそのなかの「古本」という棚に収まる。

こうした書店の変容とSNSの発展が、うちのような小さな出版社にとっての強力なインフラとなった。

そのどちらが欠けても、ぼくは会社を軌道に乗せることができなかった。

さらにいえば、出版という業界が、他業種と比べて非常にフェアだったことも、大きい。

たとえば、ぼくがすごく美味《おい》しいパンをつくったからといって、それを直接スーパーやコンビニに営業に行っても、注文をもらえる可能性は限りなくゼロに近い。けれど、本の場合、業界の最大手である書店に行っても、そこには話を聞いてくれる担当者がいる。それだけでなく、彼らが「よさそうだな」と思ってくれれば、その場で注文までくれる。

そんな業界、ほかにいくつもない。

もちろん、そのためには、どこかしらの取次と契約しているという条件が必要だし、さらに細かいことをいえば、自分が書いたものを直接営業に行く場合は結果が伴わないことも付け加えなければならないが（書いた当事者はその品質を客観的に保証できないのだ）、それでもやっぱり、書店という場所はすごくフェアな場所だと思う。

あたらしいもの

ぼくは子どものころから、本屋さんが好きだった。

それは上述した「フェア」ということと、無関係ではないと思う。

本屋さんには、さまざまなお客さんがいる。小さな子どもから、自分で本を探すこともままならないようなご老人まで、それぞれが自分の興味のある世界に没頭している。

そうした多種多様なお客さんに対応するために、町の本屋さんはさまざまな本を並べている。絵本。児童書。コミックス。文庫。ビジネス書。手紙の書き方。図鑑。地図。宗教書。ぼくは社会の縮図のような、近所の一〇坪くらいの店で、本の魅力にはまっていった。

最初は母親が買ってくれた絵本や、「てれびくん」といった幼児雑誌がきっかけだったろう。それから、多くの同級生たちと同じように、「月刊コロコロコミック」、「週刊少年ジャンプ」へと進み、そこから「歴史読本」、司馬遼太郎の文庫本へと枝分かれしていった。

その小さな店からすれば、ぼくたち子どもは決して上客ではなかった。月に支払う金額は、せいぜい四、五〇〇円ていど。本屋さんにとって本の利益率は二二～二四％だから、店が子どもたちから月々得られる利益は、ひとりあたり約一〇〇円。

気の遠くなるような商売だと思う。

けれど、そうした小さな本屋さんが、たくさんの本好きを育てたのは間違いない。いまの出版業界が曲がりなりにも続いているのは、日本全国にあったそうした町の小さな店が、たくさんの種を蒔《ま》いたからだ。ぼくたちは、その実りを刈り取っているに過ぎないし、その因果関係を忘れてはならない。

本というものが長い歴史をもつように、本を売る店も長い時間をともなって、その町に貢献してきた。

ぼくは二〇一三年に、身近にある町の本屋さんの素晴らしさを形にまとめたく、『本屋図鑑』という本をつくった。全国四七都道府県をくまなくまわって、五〇人以上の書店主から話を伺ったが、そのなかには、戦争を背景にした話がいくつもあった。

いわく、「あんなにひどい体験をしたからこそ、文化の場所を町につくりたかった」。

戦争の直後は、みな文化と活字に飢え、本が飛ぶように売れた。高度経済成長期に入ると、高額な文学全集もよく売れた。衣食住が足り、仕事も安定していて、彼らの多くは、この長い繁忙期を終えたときに、家でくつろぎながら文学全集を開くつもりだった。

当時は、戦争がまだ身近な体験だったから、少年用の「戦記物」とよばれる読み物が本屋さんにはたくさん並んでいた。それは、零戦《ゼロせん》や、戦艦大和や、ミッドウェー海戦のことだ。

その一方で、戦争を二度とおこさないためには、本の力が必要なんだ、と少なくない人たちが信じていた。

彼らは、なし崩し的に平和がなくなっていった日々を経験していたから、とりわけ民主主義の力を強く信じた。棚の目立つところには、難しそうな社会科学書がたくさん並んでいた。

ぼくが聞いたこうした話は、現役の書店主の体験ではなく、書店主の祖父や父親たちの話だ。

彼らは戦争から帰ってきて、文化事業をやりたくて、地元の商店街に本屋さんをオープンさせた。だからこそ、その子どもたちは、店をかんたんに手放すわけにはいかないんだ、と話した。

その一方で、本屋さんはだれにでもやれる商売だから、と勧められて、店をはじめた人たちもいた。

彼らは決して少数派ではない。取次から送られてくる本と雑誌を並べていれば、薄利多売ではあるけれど、食うには困らない。だから、とくに本が好きだというわけではなかったが、店をはじめた。

意思があれば、続くというのではない。けれど、意思がなければ、いつの間にか遠くへと流されてしまう。

安直な方へ。

抽象的な方へ。

より大きな声のする方へ。

それらが悪いとは思わない。

けれど、小さな仕事を長く続けるためのコツのようなものがあるとすれば、それは手間暇のかかった、具体的で、小さな声によりそったものだろう。

会社をはじめて一〇年が経《た》ち、ぼくにもなんとか経験と呼べるようなスキルが身についたが、それが必ずしも、ぼくの身を助けてくれるわけではない。むしろ、それまでに培《つちか》ったノウハウで容易に本がつくれるようになり、そのことがあたらしい次の仕事を妨げる。

手間暇をかけずにつくった本は売れない。どんなに表面をきれいに仕立ててみても、そこには決定的になにかが足りない。それよりも、不安に思いながら、これでいいのだろうかと迷い、ギリギリまで試行錯誤した本のほうが読者に届く。不思議だが、ものづくりとはそういうことなのだ、と思う。

これだったらまず大丈夫だろう、というような手堅い企画も、得てして売れない。思うに、読者はすでに評価が定まっているような既知のものよりも、生活にほんのすこしの風穴を開けてくれるような、あたらしいものを望んでいるのだ。それは、自分のことを考えてみると、よくわかる。

ぼくは仕事帰りによく本屋さんに立ち寄るが、いつでも座右の書となるような名著を求めているのではない。それよりも、いまの自分の気分を変えてくれるもの、鬱屈《うっくつ》している日々に光をもたらしてくれるものを探している。

それは本だけではない。ファストファッションの店で靴下を選んでいるときだってそうだし、コンビニで菓子パンを選んでいるときだってそうだ。

ここでいう「あたらしさ」というのは、「最新」という意味ではない。そうではなくて、いまの時代に忘れられがちなもの、いまの時代に光があたっていないものが、ある日ふと新鮮なものとしてこの目にうつる。

その意味では、どんなに古い、どんなにマイナーなものでも、あたらしいものになりうる可能性を秘めているのであり、それがつまり、ぼくの仕事だ。

井伏鱒二《いぶせますじ》も、マーク・トウェインも、坂口安吾もあたらしい。

ツルゲーネフも、村上春樹も、漱石さえもあたらしい。

読み慣れた読者からすれば、彼らは懐《なつ》かしい作家以外のなにものでもないのかもしれないが、その名前も知らない読者にとっては、彼らはいつでもあたらしい作家だ。

本をつくるということは、その作家の、その作品の、いちばん瑞々《みずみず》しいところを掬《すく》い上げるということなのだと思う。

古い本を復刊するときだって、それは変わらない。三〇年経っても、五〇年経っても、古びないもの。川の源流のようにキラキラといつまでも輝いているもの。それが伝わるように本の設計を考え、編集をし直し、デザインをする。

どれだけ考えても、オリジナルに遠く及ばないと判断すれば、原本とほぼ同じ形で復刊することもある。例を挙げれば、黒田三郎の『詩集　小さなユリと』（二〇一五年）と『ふたりっ子バンザイ　石亀泰郎《いしがめやすお》写真集』（二〇一七年）は、それぞれ一九六〇年、六五年に刊行された本だが、オリジナルの出来があまりにも素晴らしいので、ほとんど当時の姿のままに刊行した。

あたらしいものは古くなるし、古いものはあたらしくなる。けれど、まれに、いつまでも新鮮で、あたらしい姿のままのものもある。それが優れた仕事というものだろう。

ぼくは学生のころ、近所の本屋さんに行って、背の高い棚を見上げたときのことを思い出す。

そこでは、ほとんどの本が未知のものであり、ぼくはうれしさと不安とがないまぜになったような気持ちで、知らない本の背を見つめた。

その小さな本屋さんを物足りなく思い、駅前の大きな本屋さんへ行ったときのことを思い出す。

そこで出会った、和田誠さんが装丁した『ユリシーズ』は、ぼくにとっていつまでもあたらしい。

一冊の本、ひとりの読者

図書館の話もしておきたい。

紹介したいのは、一九八八年に筑摩書房より刊行された『移動図書館ひまわり号』という本だ。

この本には、一九六〇年代前半の日本の図書館の様子が克明に記されている。

平たくいうと、当時の図書館数は現在の四分の一に満たず、貸出冊数は現在の約八〇分の一にすぎなかった。さらにいえば、「当時は図書館に入るときには入館票が渡されるのが普通だったし、なかにはそれに住所、氏名から性別、年齢まで書かせる館もあった」。

こうした図書館が劇的に変化したひとつのきっかけが、東京の日野市に誕生した一台の移動図書館だ。この図書館はそれまでの旧態依然とした図書館像から大きく脱却し、その町に住む人々のための図書館のモデル像を築いた。

具体的にいうと、「図書館の利用は無料です。誰でも簡単な手続きで、その場ですぐに本が借りられます」ということを広く人々にアピールし、彼らからのリクエストに応《こた》えて選書をし、彼らが読みたいと思うような、新鮮な本を供給することに心を砕いた。

それを単なる「お客さま至上主義」と読み違えてはならない。そうではなくて、この図書館は早くから、読者を教育する、指導するという立場から離脱することを目指した。そのためにも、読者と対話することを常に心がけ、彼らが来てほしいという場所であれば、どこへでも駆けつけた。

それは、この移動図書館の初代館長である、著者の前川恒雄さんの言葉を借りれば、「市民の要求に合せながら、主体的な判断によって本を選び、その選択がまた市民の要求に影響を与えてゆく」という運動の起点をつくることだった。

果たして、この運動は実を結び、日野市は人口一人あたりの貸出冊数において、他の市町村を大きく引き離して日本一となった。そして、この運動は同時代の日本全国の図書館に多大な影響を与えた。


ここに書いてある「市民の要求に合せながら、主体的な判断によって本を選び、その選択がまた市民の要求に影響を与えてゆく」というサイクルは、本屋さんにとっても同じことがいえるし、出版社にとっても同じことがいえる。

読者の言葉に耳を傾けながら、本をつくり、あるいは店に並べる本を選び、それが読者に影響を与える。そして、その影響はめぐりめぐって、書店の棚にふたたび変化をもたらし、やがて出版社にも影響を与える。

ぼくは九州の小さな本屋さんで聞いた話が忘れられない。

そこには、熱心に学術書を読む青年がいた。

彼は店の人と話をすることはなく、棚をじっくりと眺め、気に入った本があったら黙って買った。彼がなにか買ったら、そこで働く人たちは喜んだが、彼がなにも買わなかったら、自分たちが失敗をしたかのように深く悔やんだ。

ある日、その店は思い切って棚を変えた。コミックスの棚を大きく減らし、その代わりに、専門性の高い「講談社学術文庫」と「ちくま学芸文庫」を棚いっぱいに並べた。

店は、より青年の理想に近い場所になり、そこで働く人たちも彼に刺激を受け、それまで知らなかったジャンルの本に詳しくなった。


ぼくもまた、こうしたサイクルのなかにいる。

読者から、書店から、著者から影響を受けて、自分の次の仕事を見つける。それは彼らが推薦してくれた本だったり、彼らとの会話そのものだったりする。

あるいは、お世話になった彼らに恩返しをしたいという強い気持ち。

それが、ぼくの次の仕事となる。


大きな仕事のことはわからない。

何百人、何千人の社員を擁する会社がどのように企画を立ち上げ、どのようにそれを実行し、どのように利益をあげるのかを、ぼくは知らない。

けれど、世の中に大きな仕事があるからこそ、小さな仕事が成り立つことは、本屋さんや図書館の棚を見ればよくわかる。

たとえば、制作に途方もない時間と人件費がかかる辞書や、子ども向けの図鑑、初版一〇〇万部のコミックスや、週刊誌、総合誌といった印刷物は、大きな資本とたくさんの人の手によって、生み出されるものだ。

これらの本や雑誌が、読者の裾野《すその》を広げることによって、はじめて、うちのような小さな出版社が仕事をするスペースがうまれる。

ぼくの仕事は、とどのつまりニッチだ。

けれど、最初からニッチを目指していたわけではなく、大手がやらない仕事を選んでいくから、結果、ニッチにしかならないのである。

しかし本の魅力とはなにかと考えると、それは一言でいえば、多様性にあるのだから、ニッチな仕事というのも、読者からしてみればそんなに悪いことではないと思う。

それよりも、世の中のすべての本が、売上という数値に基づいてのみ企画され、販売部数という数によってしか価値を測れなくなることのほうが、読者にとって災厄だろう。

本屋さんや図書館に行けば、ほんとうにたくさんの本がある。文芸書だけではない。歴史書や哲学書。郷土の本。理工書。医学書。芸術書。実用書。全集。絵本。それらは、当たり前だが、一冊ずつ違う本で、その内容も、表現も、読者に届けたいものも一冊ずつ異なる。

ときには、そうした多様な世界が煩《わずら》わしく感じられることもある。

けれど、なにかに行き詰まったとき、自分ひとりの世界の狭さに困惑しているとき、その多様な世界はたしかな希望となる。

若い人たち

もう少しだけ、『移動図書館ひまわり号』の話をしたい。

ぼくはこの本に深く感銘を受け、二〇一六年に復刊したが、それは、この本が自分たちの仕事がいかに先人たちの努力のうえに成り立っているかを粘り強く教えてくれるからだ。

それは図書館だけではない。本屋さんもそうだし、本そのものもそうだ。

ぼくは、いまはなくなってしまったたくさんの本屋さんによって本を好きになったのだし、ぼくの仕事は、すでに亡くなった著者の、編集者の、デザイナーの、校正者たちの仕事の延長線上にある。

復刊を仕事の軸にしているぼくは日々、そのことを痛感する。才能ある先人たちが、あるいは希有《けう》な情熱をもった人たちが、時間をかけてつくり出した膨大な仕事のうえに、ぼくのいまの仕事がある。

けれど、仕事が思いのほか順調に進んでいるとき、自分が企画した本が思いがけぬ売上をあげたとき、ぼくは自分の力を過信している。

一方で、本が全然売れないときや、来月の支払いの見込みが立たないほどに会社の資金が底をついているとき、ぼくはそれをだれかのせいにしようとしている。

『移動図書館ひまわり号』のなかには、それまでの図書館に変化をもたらすことをよしとしない人たちが、さまざまな理由をあげて、著者たちの仕事を妨害するさまが描かれている。

いわく、図書館の「利用が少ないのは市民が本を読まないから」であり、「市民に本を読む習慣をつけさせるために読書運動をするか、一般の人々の利用をあきらめて一部の人だけにサービス」するほかない。

もっとひどいものになると、「おれは、本を読まなかったから偉くなれた」という者がいて、「みんなをあんまり賢くしてもらうと困るんだよなあ」という者がいる。

ぼくは、そうした人たちの価値観こそ、まったく変わっていないことに驚く。たしかに本はかつてのように売れなくなったが、それは本を並べていればオートマチックに売れるというような時代が終わっただけであって、それをもってして、出版業界に未来はないという人は、会社のなかで（あるいは居酒屋の席で）同じ価値観をもつ人たちとしか話をしていないのだろう。

彼らが、ほんとうにいいものをつくろうと努力し、それをきちんと全国の書店に紹介してまわっているのかというと、おおいに疑問だ。

すくなくとも、ぼくはそんなふうに感じたことはないし、毎日のように、若い人たちの読書に刺激されて、あたらしい本に出会っている。

ぼくが出版社を立ち上げようとしたとき、少なくない人たちは、詩は、海外文学は売れない、といった。けれど、夏葉社を立ち上げ、海外文学を、詩の本を刊行すると、それらは少しずつ売れ続け、増刷を重ねるまでに至った（『レンブラントの帽子』は現在六刷、『さよならのあとで』は一五刷だ）。

こうした本を買ってくれるのは、ぼくより年上の人たちもたくさんいるが、それ以上に、ぼくより若い読者がいる。

彼らを信頼しなければ、未来は真っ暗だが、彼らを信頼すれば、未来はいつでも明るい。

あるとき、地方の本屋さんの店主がぼくに、「若い女性を信頼しなさい」といった。

彼女がいうには、男性たちは買い物にかんしては保守的であり、すでに評価の定まったものを買う傾向にある。

けれど、若い女性たちは買い物のプロであり、男性たちよりも町に出て、たくさんのものを見ている。彼女たちはその磨かれた目で、商品を見て、よさそうだなと思ったら、その場で本を買ってくれる。その作家の名前も、出版社の名前も知らなくても、「いいもの」であれば、必ず彼女たちは手にとってくれる。

最近読んだ『誰がアパレルを殺すのか』（杉原淳一、染原睦美著・日経BP社）のなかの、皆川明さんの言葉も忘れられない。

短い間に大量生産すると、すぐに供給過多に陥って飽きられてしまう。長い目で見ればその絶対量は多いとは言えない。けれど一つのデザインを長期間に渡って作るという仕事は、長い目で見れば大量に生産していることになる。私たちはそうした仕事を手掛けたい。それは工場にとっても良いことだし、私たちのデザインが長く使われることにもなる。10年後も100年後も作り続けているという意味での大量生産であれば、それは私たちの目指す姿だ。

心から、そうだ、と思う。

短期間で販売しなければならないという足かせがあると、商品がいびつになる。本の場合、装丁はどんどん派手になり、それにあわせて広告やSNSの投稿もどんどん誇大になる。「大傑作」だとか、「永年願ってやまなかったことをようやく形にできた」とか、ほんとうはそんなふうなことを思っていなかったのに、商品を売らんがために、自分の心までをもすっかり欺《あざむ》く。

ぼくは、自分のつくった本の価値が一〇〇だとすれば、それを書店員さんと読者に、きちんと一〇〇として伝えたい。

それを自らの口で、二〇〇だとか、三〇〇だとかいい出したら、もう終わりなのだ。

自分で小さなバブルをつくり、それが弾《はじ》けては、また同じことを繰り返すしかない。

はじめる勇気、待つ勇気

たいせつなのは、待つことだ。

自分がつくったものを、読者を信じて、できるだけ長いあいだ待つこと。自分がつくった商品の価値を信頼すること。自分の仕事をいたずらに短期決戦の場に持ち込まず、五年、一〇年という長いスパンでみつめること。

会社をはじめる勇気と、結果が出るのを待つ勇気があるとすれば、後者のほうがはるかに難しい。

たとえば、発売したばかりの自社の本の売上が芳《かんば》しくないとき、ぼくは本がもっと売れるよう、イベントを企画したり、SNSの投稿を増やしたりすることをひたすらに考える。

けれど、よくよく考えてみると、それらが大きな効果をもたらすとも思えない。むしろ、そうした短期的な戦術に慣れてしまうことによって、自分の仕事の時間感覚が変質してしまうことをおそれる。

本の寿命は、ぼくが考えているよりずっと長いものだし、知り合いの編集者の言葉を借りれば、それは「きみの人生より長く生きる」かもしれないのだ。そう考えると、一週間、一カ月の結果をもってして、成功だ、失敗だ、と騒ぎ立てるのは尚早というほかない。

ひとりであれば、待つことができる。

だれにも迷惑をかけず、店でひとり店番をするように、お客さんを待つことができる。

それは安穏とした時間ではない。豊かな時間というのでもない。心のなかでは、一円でも多くの売上を、と焦《あせ》っている。

でも、待つ。

お金がなくなれば、アルバイトをすればいいし、本をつくる以外の仕事で生計を立てればいい。

それが、ひとりで仕事をするということの強みだ。

ぼくは運良く、会社の売上だけでなんとか生活をし続けることができているが、いつでもアルバイトをする心の準備はできている。

毎日のように、コンビニの窓ガラスに貼《は》ってある求人情報を熱心に見つめ、店で雑な接客を経験するたびに、ぼくのほうがもっといい接客をするのに、と思う。

ぼくが尊敬する書店主である「ホホホ座」の山下賢二さんは、ぼくが執筆を依頼した単行本『ガケ書房の頃』のなかで、「本屋は勝者のための空間ではなく、敗者のための空間なんじゃないかと思っている。誰でも敗者になったときは、町の本屋へ駆け込んだらいい」と書いた。

ぼくはこのくだりを読んだときに、自分の仕事の意味が、ようやくわかったような気持ちになった。

ぼくが本屋さんが好きで、本が好きなのは、それらが憂鬱であったぼくの心を支えてくれたからだ。それらが強い者の味方ではなく、弱者の側に立って、ぼくの心を励まし、こんな生き方や考え方もあるよ、と粘り強く教えてくれたからだ。

それは本だけではない。音楽や映画やアニメーション。喫茶店や中古レコード屋さんや映画館。

こうしたものは、人生を支えてくれる。それは既に力ある人たちの権力を補うものではなくて、そうでない人たちの毎日を支える。

それらは特効薬のような効果はないかもしれないが、本ならば一冊の本を読み終える時間を、映画ならば一本の映画を観《み》るという豊かな時間を、喫茶店であれば一杯のコーヒーを飲む時間を提供するものとして、読むもの、観るものに、夢を与える。

それは、夢を叶《かな》えるという意味での夢ではなくて、日常とは異なる世界で時間を過ごすという意味での、文字通り、夢を見る時間だ。

現実の世界だけでは、ときどき、たまらなく苦しい。逃げる場所もないようにみえる。それは、スマートフォンでニュースを見ていても、SNSを見続けていても同じだ。

けれど、現実に流れる時間とは別の、もうひとつの肥沃《ひよく》な時間を心のなかにもつことができれば、日々はにわかにその色を取り戻す。

本を読むことは、音楽に耳を澄ませることは、テレビの前でスポーツに熱中することは、現実逃避なのではない。その世界をとおして、違う角度から、もう一度現実を見つめ直すのだ。あるいは、そうした虚構のフィルターをとおして、悲しみやつらいことを時間をかけて自分なりに理解するのだ。

必要なのは、知性ではなく、ノウハウでもなく、長い時間だ。現実に流れる時間とは異なる時間を、自分以外のどこかに求めること。そうすることで、生きることはだいぶ楽になる。素晴らしい作品は、いつまでも心のなかから消えず、それは内側から生活するものを支える。

ぼくは本屋さんのある町に住みたいし、古本屋さんのある町に住みたいし、喫茶店のある町に住みたい。

できれば、そこには小さな映画館もあってほしいし、チャーハンが六〇〇円くらいで食べられる中華料理屋さんもあってほしいし、チェーン店のコーヒー屋さんもあってほしい。コーヒー一杯に五〇〇円を出せるほどお金に余裕がないとき、二五〇円のコーヒーはぼくの生活を助けてくれる。

そうしたひとりひとりの希望が町をつくるのだとすれば、できることはたくさんある。応援しているお店でお金を払い、取り寄せられるものはその店にお願いして、商品が到着するのをのんびりと待つ。お金をどこに使うかによって、その町の景色は少しずつ変わっていく。

いまから一〇年ほど前、実家の近所にチェーン店の大きな本屋さんがオープンした。その店は、老舗《しにせ》の本屋さんを二軒撤退させたのちに、みずからも店を閉じた。おそらく彼らが目論《もくろ》んでいたほどには利益が出なかったのだ。

エクセル上ではライバル店を蹴散《けち》らしたあとの利益もきちんと計算していたはずだが、現実はそうでなかった。残ったのは本屋さんのない町であり、需要以上に林立することになったドラッグストアの毎日の価格競争だ。

そうしたチェーン店で働く人たちが、町のことを考えていないとは思わない。彼らはその店を贔屓《ひいき》にしてくれるお客さんをたいせつにし、自分たちの店がよりよい店になることを目指して、毎日働いていたはずだ。

けれど、資本はそうしたディテールを見ない。ひとりのお客さんがその店に立ち寄ることを日課にしていたこと。あるお客さんが毎週買うからこそ、その品物を切らさずに発注し続けたこと。棚の工夫。見やすく加工された値札の文字。忘れられないお客さんの声。こうした日々の小さな出来事は、パソコンやスマートフォンのなかにはほとんど表示されない。かろうじて履歴に残るのは、その店にたいするランダムな絶賛であり、呪詛《じゅそ》だ。そして、それらは満足度という数字に置き換えられる類いのものだ。

そうした指標をみて、ぼくも店に足を運ぶこともあるし、ひどい評価ばかりが書き込まれた飲食店には、当たり前だが足を運ばない。

けれど、仕事とは、そうした数値を向上させるためにあるのではない。インターネットで五つ星を獲得するためにやるのでもない。それよりも、もっと身近なものだし、もっと些細《ささい》なことだし、もっと心通わせあうものだ。数字とは、目標ではなく、ある期間にたいするひとつの結果に過ぎない。

ほんとうであれば、もっときめ細かく、もっとすばらしい仕事ができたはずだ。あるいは、もっと自由に、もっと楽しくできたはずだ。

仕事をする多くの人たちはそう考えている。

ぼくもまた同じだ。

もっと丁寧にやらなくては、と考えながら、頭は売上のことばかり考えている。

反省し、態度をあらため、ふたたび反省して、ということを繰り返しながら、自分の仕事の形を日々整えている。

いつでもお金がほしいが、それだけが目的になってしまえば、仕事はどんどんとだれかに似てくる。人気のあるものに似ていくし、話題になっているものに近づいていくし、自分がつかっている言葉や、立ち振る舞いさえも、だれかと瓜二つ《うりふた》になっていく。

そうしてある日、これは、ほんとうにぼくが望んでいた仕事なのだろうか、と思う。

山の上の出来事

二〇一四年の七月、『親子の時間　庄野潤三小説撰集《せんしゅう》』という本を刊行した。

ぼくは、会社を立ち上げたその月に八八歳で亡《な》くなったこの作家の文章を、学生のころからずっと好きだった。

作家は自分が住む川崎市生田《いくた》という場所を愛し、妻と子どもと孫を愛して、それを事実のまま小説に綴《つづ》った。好きなものだけを書き、嫌いなものは決して書かなかった。晩年になるとその作品は日記のようになり、毎年のように作家の新作が書店に並んだ。

二〇一四年のころには、絶版となった作品もそうとうな数になっていたから、そのなかから、テーマを「親子」に絞って、短篇集を編んでみようと思った。

いつものように、「本を出したいのです」という手紙を出すと、小説のなかの主要人物でもある千壽子《ちずこ》夫人から、「うれしい」というお返事が届いた。さっそくお電話を差し上げると、電話口でも「ほんとうにうれしいわ」と弾んだ声で喜んでくださった。

後日、編者になっていただいた岡崎武志さんとふたりで、生田の作家の家を訪ねた。急な坂道を上りきった先にあった平屋の一軒家は小説にでてくるものとまったく同じで、いないのは作家本人だけであった。

千壽子夫人と、長女である夏子さん、長男である龍也さん、龍也さんの奥様である敦子さんの四人は、肝心の企画の話もそっちのけで、たくさんのお料理とお酒でぼくたちをもてなしてくれた。

家族はみな、亡き作家のことを「おとうくん」と呼んだ。それだけで、作家と家族との距離の近さが窺《うかが》い知れた。なかでも千壽子夫人は、まるで作家がいまは散歩に出かけていて、留守にでもしているかのように、「おとうくん」のことを活《い》き活《い》きと話された。

家は、作家が暮らした当時のままに残っており、書棚の本の並びも、作家がつかっていたころからまったく変わっていなかった。

そうした雰囲気のなかで、注がれるままにお酒を飲んでいると、自分が小説の世界に迷い込んでいる気持ちになった。


本の装丁ははじめから和田誠さんにお願いしようと決めていた。和田さんにお手紙を書くと、「いいよ、やるよ」とふたつ返事で、指定された日に、妻とふたりで和田誠さんの事務所に伺った。

ぼくはこの年、書店員として働いていた妻と入籍し、彼女のお腹《なか》にはすでに子どもが宿っていた。

最初は妻に「事務所の外で待っていて」と伝えていたが、和田さんに妻が外にいることを話すと、「そんなのおかしいよ」というので、妻も招き入れ、三人でかんたんな打ち合わせをした。

帰り道、ぼくたち夫婦は青山で開かれていた、和田誠さんと安西水丸さんの二人展に足を運んだ。和田さんも、そっちの方向に用事がある、というので、三人で外《がい》苑《えん》西通りを歩いた。

もうすぐ初夏になりそうな快晴の日、その年急逝《きゅうせい》された安西水丸さんの話をして、これから生まれてくるぼくたちの子どもの話をした。

「子どもが生まれたらお祝いをしなくちゃね」と和田さんはおっしゃった。

和田さんは、初めて会う妻とも、まるで古くからの仕事仲間であるかのように、きさくに話すのだった。

和田さんが描いてくださった『親子の時間　庄野潤三小説撰集』の装画は、ぼくが望んでいた以上のもので、庄野家のみなさんもとても喜んでくださった。それは、彼らが暮らした一軒家を写実的に描いたもので、いまにもそこからハンチングを被《かぶ》った作家があらわれるようであった。

それから、庄野家のみなさんと、仕事とは関係なくお会いするようになった。中心になったのは、長男の龍也さんだった。龍也さんは作家の健全な精神をそのまま体現したような人で、なにより身体《からだ》を動かすのを好んだ。年に数回、「次の休みはここに遠征にいきます」とメールがあり、龍也さんを慕う人たちがそこに集まって、五時間も六時間も、自然のなかや歩道を歩いた。あるときは、山登りと聞いていたのに、山の麓《ふもと》まで五時間も歩かされ、そこから急いで山を登り、日が暮れていくなかを下山した。

そのあとに皆で飲むビールはとびきり美味《おい》しく、旅の疲れも飛んで、それといっしょに日々の憂いごともなにもかもがきれいになくなるのだった。

龍也さんも夏子さんも、「父からはお腹を空《す》かせるまで遊んでこいとしかいわれなかった」とよくおっしゃった。彼らが生田の山の上に越してきたときは、あたりはまだ自然に溢《あふ》れ、彼らは木々のなかに道をつくり、自然のなかの偶然を愛して、豊かな子ども時代を過ごした。その当時のことは『夕べの雲』（講談社文芸文庫）に描かれているが、戦後の日本人の故郷がここにあるのではないか、と思わせるようなすばらしい小説だ。

龍也さんはいつでも「遊び」をたいせつにした。あるときは、河原で「自分だけの石」をさがそうといい、あるときは、公園のなかに「宝物を隠しておいた」といって、ぼくたちにそれを探させた。

龍也さんを慕って集まる仲間たちは最年少が三〇代後半で、龍也さんは還暦を過ぎていた。そうした中年の男女が大空の下、一所懸命美しい石や宝物を探し、夕方になると、火を熾《おこ》して、フライパンで焼きそばや肉を焼いたりして、たらふく食べた。

正月もまた楽しかった。みなが生田の山の上の一軒家に集まり、作家が暮らした家で朝から百人一首や「ぱっちん将棋」をした。

「ぱっちん将棋」というのは、盤上のそれぞれのいちばん手前の筋に「歩」を並べ、それを指で弾いて、相手の「歩」を盤上から落とす遊びだ。

子どものころからこの遊びに慣れ親しんでいる龍也さんがいちばん強く、百人一首もまためっぽう強かった。ぼくたちはそれ以外の「ジェンガ」や「七並べ」で点数を稼ぎ、龍也さんがいうところの「ゲーム王」に輝けるよう、正月から夢中になって遊んだ。

ぼくは息子が歩けるようになると、たまに息子を集まりに連れていった。正月のゲーム大会ではひとり、出されたお菓子をお腹いっぱいになるまで口に放り込み、そのあとは、ぼくの横でトミカを前後に動かしたり、レゴで遊んだりしていた。

息子のことは、千壽子さん、夏子さんが、とびきりかわいがってくれた。彼らは、自分の息子や孫のように赤ん坊の小さな身体を抱きしめ、なにかあると、「この子はえらいねえ」とおっしゃった。


二〇一七年の五月、いつものように龍也さんの招集に応じて、ぼくたちは小田急線の向ヶ丘遊園駅に朝九時にあつまった。ぼくは二歳になった息子の手を引きながら、生田緑地を散策し、原っぱでバレーボールに興じた。

昼過ぎには宴会となり、作家が暮らした家の庭でバーベキューをした。初めて間近で火を見る息子は興奮しきって、庭のなかをぴょんぴょんと跳ね、バランスを崩しては、そばにいる夏子さんに抱きかかえられた。

この日、千壽子夫人はみなの前に現れなかった。夫人は闘病中であり、龍也さんは家のなかで静かに暮らすお母さまに賑《にぎ》やかな声を届けることを願って、この日の集まりを企画したのだった。

その翌月、千壽子夫人は亡くなられた。ぼくと作家の研究をしている若い文学者である上坪裕介さんだけがお通夜《つや》に招かれ、たくさんの親族たちにまじって棺桶《かんおけ》のなかで眠る千壽子さんにお別れをした。

夏子さんは「おかあくん、ありがとうね」とお母さまに話しかけた。龍也さんは「向こうでゆっくりしてね」とおっしゃった。

棺《ひつぎ》を囲むようにして食事をし、そのあとは、「母は湿っぽいのが嫌いだから」という理由で、そのまま百人一首の札を用いた「坊主《ぼうず》めくり」をやった。勝者には景品があると発表されると、千壽子さんの孫やひ孫たちは顔を輝かせ、龍也さんも夏子さんも彼らに負けじと真剣になって札をめくった。

こんなに賑やかなお通夜は、生まれて初めてだった。それはうれしいことを「うれしい」と書き、生きる喜びを書き続けた作家の精神が、死後も家族たちの心に生きているかのようだった。

「悲しいことはみなで分配しなくちゃね」と夏子さんはおっしゃった。

龍也さんはというと、「父の仕事を若い読者に伝えてくれるのは、あなたたちだから」といって、別れ際《ぎわ》に、ぼくと上坪さんをお通夜に招いてくれたわけを話してくれた。

本の力、文学の力

それから、それまで読んでいなかった作家の本をまとめて三〇冊ほど読んだ（なにせ作家の全著作は六七冊もあるのだ）。

我が家は生まれたばかりの長女と元気いっぱいの息子で占領されていたので、喫茶店をはしごして一冊ずつ読んだ。

そこには驚くほど、身近なことしか書かれていなかった。作家がなにをし、なにを食べたか。だれが遊びに来て、書斎でなにを読んだか。そうした歳月の積み重ねのなかで、子どもたちは大きくなり、やがて孫が生まれ、その孫も歩けるようになり、しゃべれるようになる。その子どもたちの言葉を、作家は慈《いっく》しむように、ひとつひとつ丁寧に拾った。

書かれていることはきわめて具体的で、個人的なことなのに、読んでいくと、そうしたすべてのことが、生田の地を離れ、作家自身からも離れて、普遍的なものに変わっていくようだった。

生きるということはこういうことであり、年を経るというのはこういうことであり、喜びとはこういうことである。

作家はそういうことを書いた。


若いころは、最初に答えを知りたかった。一直線に普遍的なものにたどり着き、人生とはなんなのかを把握しようと思って本を読んだ。けれど、そうした読書は得てして楽しくなく、本の読後感は「成功」か「失敗」のどちらかだった。もっといえば、読んで得した、とか、読んで損した、とか、そんな感想しかもつことができなかった。

でも、庄野さんの小説を読んで、そうではないのだと学んだ。

最初にひとりひとりの生活があるのだ。最初にかけがえのない個人がいて、その人の家族がいて、友人がいる。彼らと話し、ともに出かけ、食事をする。彼らをどう思い、彼らのためになにをしようと思うか。そういうきわめて個人的なことが、文章となり、本となることで、永遠の命を持つ。ぼくが思う理想の本とは、そういうものなのだった。

聞き取れないような小さな声。その人しか知りえない私的な事柄。小さな喜び。悲しみ。

それらを綴る文章もまた静かなものだろう。本の装丁もまたその内容にあわせて、落ち着いたものになるだろう。

その本は売り場では目立つことはないかもしれないが、そういう本を求めている人にはきっと届く。

ぼくは長く、そういうことを経験している。

二〇一八年の夏、『庄野潤三の本　山の上の家』という本ができあがった。

それは、ともに通夜に行った上坪裕介さん、『親子の時間』の編者を務めてくれた岡崎武志さん、二〇一二年に『冬の本』という本をいっしょにつくった北條一浩さん、そこに寄稿をしてくださった佐伯一麦《さえきかずみ》さん、宇田智子さんの力を借りてつくった、作家の入門書だった。

二四〇ページの本のなかに、作家の全著作案内や、夏子さんと龍也さんが書いた父の思い出、作家が子どもたちを描いたスケッチや、生田の家の写真などを収めた。

ぼくは、龍也さんがいった、「父の仕事を若い読者に伝えてくれるのは、あなたたちだから」という言葉を自分なりに受け止めて、この本をつくった。

庄野家のご家族もまた、お母さまの死後、作家の読者たちのためになにかをしようと考えていた。そして、話し合いを重ねた結果、この年の秋に、作家の小説の舞台となった「山の上の家」を初めて読者に開放することを決めた。『庄野潤三の本 山の上の家』は、その開放日にあわせてつくった、公式ガイドブックのようなものだった。

書店営業の結果は、いつものように芳しいものではなかった。若い書店員さんのなかには、作家の名前を知らない人たちもたくさんいたし、「いまどき庄野潤三なんて売れますかね?」と冷ややかにいわれることもあった。

でも、ぼくの仕事はだいたいそういうものだったし、マーケティングをして企画しているのではないのだから、仕方がなかった。

本が発売されると、古くからの作家のファンたちが、ぼくが想像していた以上に本の完成を喜んでくれた。

二〇一八年の九月二三日、庄野潤三の家の初めての一般開放があり、夏子さんも、龍也さんも、ぼくも、ふだん龍也さんといっしょに遠出を楽しむ仲間たちも、いったいどれくらいの人が来てくれるのだろう、と朝からそわそわしていた。

オープンは朝一〇時だったが、九時二〇分には家の前にタクシーが停まり、「すこし早かったでしょうか」といいながら、作家の愛読者がぼくたちの前にあらわれた。

それからクローズの一五時まで、ひっきりなしにタクシーが家の前を行き来し、たくさんの人が息をきらしながら山の上の家を目指して歩いて来られた。

そこには一〇年以上会っていなかった、ぼくの友人の姿もあった。

「庄野潤三好きだったの？」ぼくは聞いた。

「好きだったよ。ほら」ぼくと同じ歳《とし》のその人は、背の焼けた作家の文庫本をカバンから取り出し、にっこりと笑った。

結局その日は、三〇〇人近い庄野潤三ファンが作家の家を訪れた。彼らはみな、恍惚《こうこつ》として、作家が暮らした家や庭を見つめた。

人と人のあいだに

小さな仕事は、小さなきっかけからはじまる。

だれかの一言から。ふと思い出した記憶から。昨日読んだ本の一節から。

それは、市場に転がっているのではないし、業界内の特別なコネクションのなかにあるのでもない。

それは、人と人とのあいだにある。

だれかを喜ばせたいという気持ちで、なにかをつくろうと考え、そのためにだれかの力を借りる。それはぼくの仕事のように形をともなうものかもしれないし、すぐに消えてなくなってしまうものかもしれない。

でも、だれかのための仕事は、世の中がどんなに便利になっても、消えてなくなるものではない。

それが、この仕事を一〇年続けた、ぼくの結論だ。


小さな仕事のすべてに価値があるとは思わない。ミニマルであることにこそ価値があると考えるようになってしまったら、それは単なる思考停止だ。

そうではなくて、大きな資本にはできないことをやることが、小さな仕事の価値なのだ。

言い方をかえれば、大多数の側に立つのではなく、少数派の意見の立場に立つということ。市場の原理で導き出される結論よりも、個人的な思いを優先するということ。

大きな会社にそれができないとはいわない。

けれど、小さな会社であれば、より勇敢な選択ができる。個人であれば、さらに小さな場所から、小さな仕事を選択することができる。

ぼくが尊敬するサッカー監督のジョゼップ・グアルディオラは、次のようにいっている。

わたしは監督としての経験から、いかなる状況においても「非常に勇敢であることの大切さ」を学んだ。人は生きる上で、「勇敢」になるか、「非常に勇敢」になるかのどちらかを選ばなければならないものだ。

いつでも、遠い、だれかの言葉がぼくに勇気をくれる。

忘れられない人

二〇一七年の九月、墨田区のたばこと塩の博物館で「和田誠と日本のイラストレーション」展があった。

オープンの前日、関係者たちが集まる内覧会があり、ぼくの事務所にもその案内状が届いた。ぼくはまだ、和田さんに子どもの顔を見てもらっていなかったから、幼い長女を連れて、その会場に向かった。

館内でベビーカーを押しながら作品を見ていると、和田さんがこちらに歩いてこられた。

お会いするのは二年ぶりだった。和田さんは、もう八一歳であったから、以前より足取りも遅く、ぼくのことをわかるのにも少し時間がかかった。

「いちばん最初の本に絵を描いていただいて、おかげでなんとか仕事を続けられています」

ぼくはいった。

「それはよかった」

和田さんがいった。

一〇カ月の娘は和田さんを見てもにこりともせず、和田さんが微笑《ほほえ》みかけると、いまにも泣きそうになった。ぼくは娘を笑わせようと、ベビーカーから彼女の身体を抱きあげ、それから「たかい、たかい」といって、宙に抛《ほう》った。

赤ん坊の身体は思いのほか高く舞い上がり、ぼくが受け止めると、和田さんは「あぶないよ」と笑った。

ぼくはたいせつなことだけ話しておこうと思い、娘を抱いたまま、「また装丁をしていただけますか」と聞いた。

「指名してくれるならよろこんで」

和田さんはそういって、右手を差し出した。

ぼくの手を包み込むようにして握ってくれた和田さんの手のひらを、ぼくは生涯、忘れることはないだろう。

あとがき

二〇一四年の一一月に長男が生まれた。

彼はしゃべりはじめるのが遅かったし、いまでも言葉がたどたどしい。幼稚園の先生がいうことを理解するのも、ほかの子どもたちより遅いし、遊びも身支度もすべての動作がスローだ。鬼ごっこではいつも鬼の役ばかりやらされているし、ときには、「そうくんとは遊ばない」と面と向かっていわれてもいる。

いやなことをされても「やめて」といえない。「やりかえしなよ」といっても、「やりたくない」という。あんまりいうと、わあと泣いてしまう。それは気の弱さではあるが、裏を返せば、やさしさでもある。

かつては、そうしたすべてに、ぼくと妻は落ち込んでいた。この子は将来どうなるんだろう？　と毎晩遅くまで話し合ったりしていた。

でもあるときから、これが息子の個性なんだ、と思うようになった。これはこの子にしか備わっていない個性であるし、彼はその個性が活《い》きる場所をさがして、そこで生きていけばいい。息子はいつもニコニコしているし、その顔をみていると、こちらも元気がでてくる。笑顔を絶やさなくて、やさしいのであれば、この子が必要とされる場所が必ずどこかにある。

この原稿を書き上げるのには、二年の時間がかかったが、息子に伝えたいことを書こう、と思ってからは、比較的筆が進むようになった。

ぼくが息子に望むのは、立身出世ではなく、社会的な成功でもなく、身の回りの人を助けられる人になってほしいということだ。学校に行き、落ち込んでいるクラスメートがいたら、その人のそばにいてほしい。会社に行き、なにかに思い悩んでいる人がいたら、その人を食事に誘ってあげてほしい。そういう大人になってほしい。

新潮社の加藤木礼さんにずっとお世話になった。加藤木さんが「書きませんか？」とおっしゃり、原稿を褒めてくれたから、ぼくは書き進めることができた。その意味で、この本は加藤木さんの作品でもある。
それと、篠崎凡さんと雨宮雅美さん。創業当時に書店という現場からぼくを支えてくれたふたりにお礼をいいたい。彼らとの思い出に捧《ささ》げたいという思いもあって、いくつかの章を書いた。

二〇一九年七月一一日

夏葉社　島田潤一郎

文庫版あとがき

大学を卒業して間もないころ、バックパックひとつでアフリカを旅したことがあった。そこで出会った若いドイツ人、オランダ人たちはぼくたちのように無職ではなく（あるいは、一念発起して会社を辞めて、ようやく自由の身になったとかではなく）、身分の保証された会社員や公務員としてロング・バケーションを満喫していた。ドイツ人はオフロードバイクでサハラ砂漠を縦断しており、大きな砂丘を見つけると、うれしくてたまらないというふうに大声をあげて、そこへ向かってバイクを走らせた。砂丘の頂点までたどり着くと、バイクは一瞬、宙に浮くのであり、二五歳のぼくはその光景に見惚《みと》れ、長いあいだ忘れなかった。

日本に帰国してからも、なぜ彼らは長い休みをとれて、日本人はとることができないのだろう、としつこく考えていた。ぼくの場合、人生でいちばん楽しかったのは、間違いなく従兄《いとこ》と朝から晩まで遊んだ小学生のころの夏休みであり、あの長い休暇があるから、小学校の勉強も、塾の宿題も、プールの反復練習もがんばることができた。

そのあたりの事情は、大人だってそんなに変わらないだろう。夏休みが長いほうが、仕事へのモチベーションは高まるはずだし、代わり映えしない毎日の労働のなかで見過ごしているなにかを発見できるというようなこともあるのではないか？

そんなことをコーヒーやビールを片手に家族や友人たちに熱弁してみるのだが、話している本人も実際は半信半疑で、心のどこかではそんなことは無理だと思っていた。

ひとりで会社をはじめると、ますますその思いは強くなり、最初の数年は「正月三が日」どころか、一月二日には会社に来て、黙々と仕事をした。いま振り返ると、正月の電話も鳴らない事務所でなにをしていたのかほとんど覚えていないのだが、おそらく、朝の一〇時から夜の九時まで事務所にこもって、次の企画を練るために本を読んだり、メールを書いたり、返本された本の汚れを消しゴムでゴシゴシと消したりしていたのだと思う。

そうした仕事の仕方が変わったのは、二〇一六年に長女が生まれてからだ。長男はそのときまだ二歳で、家のなかには毎日、やらなければいけないことがたくさんあった。これまで通りの仕事の仕方だと、いつか家庭が壊れてしまうように思えたから、ある日妻に、「これからは毎日、五時になったら帰る」と宣言した。

それからは毎日、四時になったら仕事を切り上げ、五時か遅くとも五時半になったら帰宅し、子どもと遊んだり、夕飯をつくったりした。

それで仕事に支障が出るようなことはほとんどなかった。ホームページの更新こそまったくしなくなってしまったが（あと、メールの返信も遅くなったと思う）、むしろ、子どもたちが生まれる前よりも多くの本を編集し、営業をし、発送をするようになった。つまり、時間が有限であるということを四六時中意識することで、仕事の効率が劇的にあがったのだ。自分はこれまでいったいなにをしていたのだろう、と思った。

二〇二三年の夏には念願の長い夏休みをとった。きっかけは冒頭に書いたヨーロッパ人たちのたのしそうな表情を目の当《まあ》たりにしたことだったが、二〇一〇年に世田谷文学館で開催された「石井桃子展」で出会った言葉も、ぼくの背中を押した。「子どもたちよ　子ども時代を　しっかりと　たのしんでください。おとなになってから　老人になってから　あなたを支えてくれるのは　子ども時代の『あなた』です。」というその言葉は、老人にこそなっていないものの、青年期を過ぎ、中年期を日々慌《あわ》ただしく過ごすぼくにとって、まぎれもない真実であったから。

八月四日から二三日まで、一九泊二〇日を家族四人で沖縄の恩納村《おんなそん》で過ごした。そこは国道五八号線から一本入ったところにある小さな一軒家で、最寄りの商店までは子どもたちの足で約二〇分かかった。燦々《さんさん》と太陽が輝くなか毎日、家族四人そろって商店まで歩き、牛乳やパン、水やカレー用のじゃがいもなどを買った。帰りには子どもたちにジュースやアイスを買い与え、小学校三年生の息子と一年生の娘は溶けたアイスを滴《したた》らせながら、行きよりもさらにゆっくりと歩いた。そうしたすべてが忘れられない思い出となった。

もちろん、会社を二〇日も休むことは、経営的には大きな痛手だった。でも、東京に帰ってきて半年以上たっても、「沖縄たのしかったね、また行きたいね」と食卓で話しているくらいの大きな悦《よろこ》びというものは何物にも代えがたいし、いまは会社が黒字になることよりも、子どもたちの心のほうが何倍もたいせつだ。

出版社をはじめて一〇年たったころも、もっといえばつい最近まで、誰もが知るような大企業に入れたらどれだけいいだろう、と夢想していた。そうした会社にさえ入れれば、取引先から軽くあしらわれることもないし、生活にももっとゆとりが出るはずだし、将来をあれこれと心配する必要もない、と思っていた。

でもぼくはいま、自分の会社がいちばん好きだ。当たり前だが、自分の会社は自分好みの本しかつくらないし、労働時間も短いし、夏休みも長い。大学生のぼくだってきっと、あらゆる会社のなかから「夏葉社」を第一志望にするのではないか。

二〇二四年二月二九日

島田潤一郎

46ページの詩は『さよならのあとで』（夏葉社）から引用しています

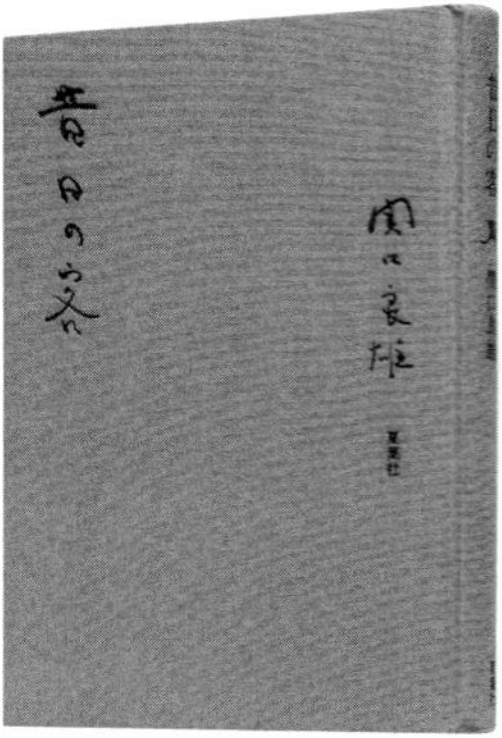

レンブラントの帽子
バーナード・マラマッド
訳　小島信夫、浜本武雄、井上謙治
装丁　和田誠　巻末エッセイ　荒川洋治

夏葉社最初の一冊。アメリカのユダヤ系作家バーナード・マラマッドの短篇を三つ収める。扉絵、カバーの表4の絵は、和田誠さんが旅先で撮影した写真から描き起こしたもの。

昔日の客
関口良雄
装丁　櫻井久

正宗白鳥、上林曉、三島由紀夫、野呂邦暢ら作家や、店を愛したお客さんとの交流をあたたかな筆致で綴る。原本は著者が亡くなった翌年に三茶書房より刊行された。

さよならのあとで

詩　ヘンリー・スコット・ホランド
絵　高橋和枝　装丁　櫻井久

本書には高橋和枝さんのイラストが一八点掲載されているが、実際には一〇〇点以上描いていただいている。装丁は一見シンプルだが、印刷の上に花の模様の空押しをしている。

東京の編集者　山高登さんに話を聞く

山高登
装丁　櫻井久、中川あゆみ

印象的なカバーの写真は山高登さんご自身の手によるもの。本書にはインタビューのほか、写真を三二ページ、編集を手がけられた本の書影や蔵書票などを収録。

解説

津村記久子

年に三冊、二五〇〇部の本を作れば、ぼくと家族は暮らせますよ、という話を島田さんから直接うかがった時に、とても感動したことをよく覚えている。わたしとしては訊《き》きにくい話題だったのだけれども、島田さんはあっさりと答えてくれた。事業の話は、ネットで語られていることはもちろん、対面でもあまりに個人の固有の生き方や方法論の話でありすぎて、他の人への応用が利《き》きにくいのかなと思い始めていた矢先のことだった。要するに模倣《もほう》しにくくて、普遍的な部分を探しにくい。事業主個人のエネルギーの物語に収束してしまうことが多い。それはそれでおもしろければいい（というか事実ならおもしろくさえなくてもいい）かもしれないけれども、わたしはどこかで、もっと自分やほかの同年代の人たちに当てはめて考えやすい具体的な話を探していた。そこにあっさりと具体例を提示してくれたのが島田さんだった。

この本でも、島田さんはとても具体的に、自分はどういう来し方の人間で、なぜ出版社をやろうと思い立ち、どういうふうに運営しているか、ということを語ってくれる。たとえば、島田さんが夏葉社《なつはしゃ》を設立するきっかけになったのは、島田さんと年の近い息子を亡《な》くした叔父さんと叔母さんに、ヘンリー・スコット・ホランドという神学者の詩を一冊の本に仕立てて贈ってあげたかったからだという。島田さんは、叔父さんや叔母さんと同じような境遇の人にも本が届いたらと思い、始めは友人の編集者にそれを頼んでいたのだが、なかなかうまく進まないので、自分でやろうと考えて夏葉社をつくったそうだ。

島田さんが起業すると同時に作った事業計画書の「事業目的」は、以下のようなものだ。「何度も読み返される、定番といわれるような本を、一冊々々妥協せずにつくることによって、長期的な利益を確保する。そのために、会社を応援してくれる本屋さんを全国に一〇〇店舗開拓し、それらの店を重点的に営業していく」。感心するのは、この開拓する「一〇〇店舗」という数字に、ちゃんとした根拠があることだった。島田さんは三十歳の時に一年ほど教科書の会社にいて営業をしていたのだが、その時に担当していた高校がそのぐらいだったという。そしてその店舗を、北海道から沖縄まで自分の足で回り、きちんとした人間関係を築いて、その上で本を売ってもらう。どの書店を回るかについては、ある出版社のホームページにあがっている書店リストを参考にしたことまで、島田さんは語っている。

自分の仕事を静かに解体し、その意味や意図について一つ一つ明快に説明してくれる島田さんの言葉に、わたしはいつのまにかとても勇気づけられていた。こんなに地に足を着けて出版社の経営のような難しい仕事をして、それを詳細に語ってくれる島田さんのようなパーソナリティの人がしっかりやっていけるのなら、自分もまだやれるかもしれない。

他の人がちゃんと生きているなら、自分もなんとか身を正して生きていけそうな気がすると思うようなことはある。でもそう思うには「ちゃんとしている」ことに普遍性がなければいけない。「この自分だからこそできた」という目配せは、その普遍性を濁らせる。一方で、驕《おご》らない、自分のエネルギーに依存しない、そして細部を明確にする島田さんの仕事の語り方には、誰もがそれぞれの人生に応用できるのではと思えるような強い普遍性がある。この本は、必ず誰かの心をしっかりと支

える はずだ。

「ぼくが本屋さんが好きで、本が好きなのは、それらが憂鬱《ゆううつ》であったぼくの心を支えてくれたからだ。それらが強い者の味方ではなく、弱者の側に立って、ぼくの心を励まし、こんな生き方や考え方もあるよ、と粘り強く教えてくれたからだ。（中略）それは既に力ある人たちの権力を補うものではなくて、そうでない人たちの毎日を支える」という島田さんの言葉は、明快で力強い。ときどき忘れそうになるけれども、自分が本を読んできた理由もきっとそうだったと思い出した。

世の中には力のある人と搾取《さくしゅ》される人や、力を崇《あが》める人がいて、だからうまくやって少しでも力のある側につこう、と煽動《せんどう》するのは簡単だ。けれども、当たり前だが生きていることはそんな単純な白黒では決められない。本書が教えてくれるのは、そのどちらでもない、自分で決めた大切なものを守りながら誠実に仕事をしていくという生き方なのではないかと思う。誠実であることは、力に呑《の》み込まれないことを可能にする。わたしがこんなふうにもっともらしい言葉にまとめるよりも明確なリアリティを持って、島田さんは一人出版社の社長としてそれを体現する。それは、弱くても呑み込まれないと決めた人間にとっては希望なのではないだろうか。このことが、広まりやすい詭弁《きべん》や脅しの言葉の間で、いったい自分は誰の側についてどのような態度で生きていけばよいのだろうと迷っている人たちのうちの一人でも多くに届けばよいと思う。

本を薦める時に、あまり対象を限定した物言いをすべきではないと考えているのだけれども、この本は例外的に、一九七八年生まれのわたしや、一九七六年生まれの島田さん自身と年の近い人にも是非読んでほしい。本書は、ロスジェネとか就職氷河期と勝手に名付けられた、社会の上の階層にいる心の冷たいおじいさんやおじさんたちの過失によって作り出された一つの世代の苦しみに伴走する。たとえ時代に損なわれるようなことがあったとしても、自分たちは誠実であることができるし、地道な努力を重ねながら、やりたいことだってできるということを、この本は信頼させてくれるはずだ。

＊

あとがきで島田さんが語っている息子さんへの「学校に行き、落ち込んでいるクラスメートがいたら、その人のそばにいてほしい。会社に行き、なにかに思い悩んでいる人がいたら、その人を食事に誘ってあげてほしい。そういう大人になってほしい」という言葉は、そのままこの本の在り方を示している。本書は、落ち込んでいる時にそばにいてくれて、仕事で悩んでいる時に「まあごはんでも行こうよ」と言ってくれるような本だ。それは、本という媒体のもっとも根源的な役割を果たしているとも言える。一人で悩んでいる誰かの友達になることだ。

「本と本屋さんが好き」という章で、従兄《いとこ》を亡くして半年後、求職中の島田さんが夜に本屋さんへと逃れる記述がある。島田さんは、本屋で本を選んでいるお客さんが自分の姿そのもののように見えて、本当のところ孤独なのかはわからないけれども「一度でいいから、彼らに声をかけてみたかった」と語る。本書を読むことは、この混乱している正直な島田さんに話しかけられていることだ。だからあなたは一人ではないのだ。

（令和六年三月、作家）

この作品は令和元年十一月新潮社より刊行された。

古《ふる》くてあたらしい仕事《しごと》

新潮文庫　し－94－1

令和六年五月一日発行
令和六年十月二十五日二刷

著者　島《しま》田《だ》潤《じゅん》一《いち》郎《ろう》
発行者　佐藤隆信
発行所　株式会社新潮社
郵便番号　一六二―八七一一
東京都新宿区矢来町七一
電話　編集部(〇三)三二六六―五四四〇
読者係(〇三)三二六六―五一一一
https://www.shinchosha.co.jp

価格はカバーに表示してあります。

乱丁・落丁本は、ご面倒ですが小社読者係宛ご送付ください。送料小社負担にてお取替えいたします。

印刷・株式会社精興社　製本・加藤製本株式会社

ISBN978-4-10-105181-9　C0195